本书由北京大学上山出版基金资助出版

中国上市公司投资行为研究

Accounting Monographs

STUDIES ON THE INVESTMENT OF CHINESE LISTED COMPANY

姜付秀 / 著

北京大学出版社
PEKING UNIVERSITY PRESS

图书在版编目(CIP)数据

中国上市公司投资行为研究/姜付秀著. —北京：北京大学出版社，2009.4
（会计学论丛）
ISBN 978-7-301-15157-0

Ⅰ.中… Ⅱ.姜… Ⅲ.上市公司-投资-经济行为-研究-中国 Ⅳ.F279.246

中国版本图书馆 CIP 数据核字（2009）第 062177 号

书　　　　名：	中国上市公司投资行为研究
著作责任者：	姜付秀　著
责 任 编 辑：	李　娟　刘　伟
标 准 书 号：	ISBN 978-7-301-15157-0/F·2179
出 版 发 行：	北京大学出版社
地　　　　址：	北京市海淀区成府路 205 号　100871
网　　　　址：	http://www.pup.cn　电子邮箱：em@pup.pku.edu.cn
电　　　　话：	邮购部 62752015　发行部 62750672　编辑部 62752926
	出版部 62754962
印　刷　者：	北京宏伟双华印刷有限公司
经　销　者：	新华书店
	650 毫米×980 毫米　16 开本　11.5 印张　188 千字
	2009 年 4 月第 1 版　2009 年 4 月第 1 次印刷
印　　　　数：	0001—4000 册
定　　　　价：	22.00 元

未经许可，不得以任何方式复制或抄袭本书之部分或全部内容。
版权所有，侵权必究
举报电话：010-62752024　电子邮箱：fd@pup.pku.edu.cn

序

在中国经济高速成长的过程中,面临着巨大发展机会的中国企业往往表现出扩张冲动,这从近年来发生的大规模并购事件中可见一斑。这些投资和扩张行为,可能给企业带来巨额利润,也可能给企业带来巨大损失,甚至是倒闭或破产。因此,如何进行投资与扩张,如何"做强做大",是企业发展到一定阶段不得不面对的问题。

企业投资行为,一直以来都是实务界和学术界关注的焦点问题。尽管以往研究业已取得了不少成果,但仍存在如下颇有争议的问题:企业投资的主要方式有哪些?什么因素决定了企业投资方式的选择?作为企业扩张主要方式之一的多元化对我国企业绩效或者企业价值产生了什么影响?多元化和专业化决策的影响因素是什么?在现代企业中,管理者控制着资源的配置权,管理者在企业的投资决策中的影响是什么?管理者的心理特征和背景特征对企业投资战略产生了什么影响?……这些问题的研究对于丰富公司财务等相关理论,以及对于指导中国企业的投资战略,都具有重要意义。

姜付秀博士撰写的这本专著,以上市公司投资决策为研究对象,结合中国特殊的制度背景,运用公司财务、委托代理和行为金融学等理论,围绕"行为"和"后果"两条主线,对企业如何投资、投资行为的影响因素和投资行为的经济后果三大关键问题展开研究。该书通过系统的理论分析和实证检验,得到了一些颇有价值的实证结论、研究发现和政策启示。综合来看,该书具有如下特色:

1. 主题新颖,视角独特

美国著名财务学家 Jay Ritter(2005)指出:"与过去研究范式相比,现在财务学研究的最新进展之一体现在众多学者采用行为的方法来研究公司财务。"[①]纵观近三十年主流财务学文献的发展轨迹,财务学的研究发生了一系列方向性的变化,其中,公司财务与心理行为的交叉和碰撞是一大

---

① 见 Ritter J. R., *Recent Developments in Corporate Finance*, Massachusetts: Edward Elgar Publishing, Inc., 2005.

前沿热点问题。基于此背景,该书将投资决策与心理行为进行交叉研究,从"管理者背景特征"和"管理者过度自信"两个角度分析企业投资行为,这在以往国内研究中是不多见的,具有较大创新性和新颖性,体现了作者敏锐的学术洞察力和扎实的学术功底,为读者开展公司财务与心理行为其他领域的交叉研究,提供了可资借鉴的分析思路和研究方法。

2. 框架合理,思路清晰

该书将全文分为"行为篇"和"后果篇",从"投资方式"、"管理者过度自信"和"管理者背景特征"三个视角对投资行为进行剖析,而后又依次分析了多元化与专业化的影响因素、管理者过度自信对多元化的影响以及多元化的经济后果,层层递进,环环相扣,构建了一个"如何投资——投资行为的影响因素——投资的经济后果"较为系统的研究中国上市公司投资行为的分析框架,有助于读者从不同视角不同层面审视企业复杂的投资行为。

3. 内容丰富,资料翔实

该书在准确、精炼地阐述投资决策各领域的相关理论观点的同时,结合中国转型经济和新兴市场的特点,深入挖掘了中国上市公司投资行为背后存在的问题,注重从不同角度不同方面探讨企业投资行为,理论突出重点而又有前瞻性,分析精辟而独到,而且,作者收集了大量数据,资料翔实,使读者既能掌握先进的委托代理理论、产业组织理论和行为金融等理论,又能了解和认识我国上市公司的投资现状、投资行为存在的问题及其相应对策。

4. 研究规范,方法得当

该书在借鉴国内外相关理论的基础上,结合我国实际,对不同研究内容进行了深入的理论分析和阐述,并分别提出了不同研究假设,而后收集上市公司相关数据,对各研究假设进行严谨的分析和检验,并探讨实证结果和政策启示。

该书是姜付秀博士近年来潜心研究的结果。我相信,该书所研究和讨论的问题,以及所得到的主要研究发现和结果,对于财务/会计学术界同行、证券和投资行业、上市公司等机构的相关人士,以及证券监管机构的管理者等,都将具有重要的借鉴意义和参考价值。

陆正飞

2009年2月于北京大学光华管理学院

导言　　　　　　　　　　　　　　　　　　　　　　/1

行 为 篇

第一章　中国上市公司投资行为：投资方式视角　　/15
- 第一节　引言　　　　　　　　　　　　　　　　/15
- 第二节　文献回顾及理论基础　　　　　　　　　/16
- 第三节　样本与变量界定　　　　　　　　　　　/21
- 第四节　中国上市公司投资行为的描述性统计　　/27
- 第五节　上市公司投资方式选择的影响因素　　　/30
- 第六节　并购与自行投资：是替代，还是互补　　/32
- 第七节　进一步分析：投资偏好的影响因素　　　/33
- 第八节　研究结论　　　　　　　　　　　　　　/35

第二章　上市公司投资行为：管理者背景特征视角　/36
- 第一节　引言　　　　　　　　　　　　　　　　/36
- 第二节　研究设计与思路　　　　　　　　　　　/38
- 第三节　中国上市公司管理者的背景特征　　　　/46
- 第四节　管理者背景特征与企业投资行为　　　　/48
- 第五节　企业性质、管理者背景特征与企业
　　　　　投资行为　　　　　　　　　　　　　/51
- 第六节　稳健性检验　　　　　　　　　　　　　/56
- 第七节　研究结论　　　　　　　　　　　　　　/57

第三章　中国上市公司投资行为：管理者过度自信视角　/59
- 第一节　引言　　　　　　　　　　　　　　　　/59
- 第二节　文献回顾　　　　　　　　　　　　　　/61
- 第三节　假设的提出　　　　　　　　　　　　　/67
- 第四节　样本与变量界定　　　　　　　　　　　/70
- 第五节　管理者过度自信与企业投资行为　　　　/77
- 第六节　拓展研究之一：从财务困境视角的考察　/82
- 第七节　拓展研究之二：从财务绩效视角的考察　/88
- 第八节　研究结论　　　　　　　　　　　　　　/92

后果篇

第四章　多元化与专业化：影响因素视角 /97
  第一节　引言 /97
  第二节　我国上市公司多元化经营状况 /99
  第三节　理论基础及研究假设 /104
  第四节　实证检验及其结果 /110
  第五节　研究结论 /114

第五章　多元化与专业化：管理者过度自信视角 /116
  第一节　引言 /116
  第二节　文献回顾与理论基础 /117
  第三节　数据与变量界定 /120
  第四节　样本的描述性统计 /126
  第五节　管理者过度自信与多元化经营之间关系的实证检验 /128
  第六节　拓展研究：管理者过度自信对多元化—企业风险的影响 /129
  第七节　研究结论 /132

第六章　多元化与专业化：经济后果视角 /133
  第一节　引言 /133
  第二节　相关文献回顾 /134
  第三节　理论基础：企业成长、多元化与利润率 /136
  第四节　研究样本及变量定义 /139
  第五节　多元化经营、企业价值与收益波动的相关性检验 /141
  第六节　多元化经营、企业价值与收益波动之间关系的实证检验 /142
  第七节　拓展检验之一：多元化与资本成本 /146
  第八节　拓展检验之二：多元化经营与企业绩效之间拐点的存在性 /158

第九节　研究结论　　　　　　　　　　/159
主要参考文献　　　　　　　　　　　　/161
后记　　　　　　　　　　　　　　　　/175

导言

一、研究背景

建立私人王国是企业家精神的重要组成部分(熊彼特,1912)[①],创建商业帝国是企业家的梦想。因此,扩张冲动是企业家最重要的内生性行为特征之一。对处于转型经济和新兴市场中的我国企业而言,这一点可能更甚。突出表现在:"做大做强"一直是我国企业的流行语,这种提法不仅在各种报刊、企业管理者的谈话甚至是企业章程中高频率地出现,而且在各级政府官员的经济言论中也司空见惯。从行为表现来看,我国企业的投资冲动这些年极为强劲,以迅速扩张为目的的海内外并购案也频频发生,而且并购金额逐年攀升。以海外并购为例,摩根大通2005年的全球产业并购报告指出,2005年中国企业的跨国并购总额为62亿美元,2004年是近48亿美元,而2000年则只有18亿美元。[②] 从我国上市公司的情况来看,2000—2003年,上市公司总投资规模的年均环比增长率分别为38.74%、36.83%、27.67%和44.95%,呈现出长期高速扩张的势头。

企业通过投资方式实现扩张目标具有经济后果,相关研究表明,现实也一再证明,企业合理的投资规模和扩张速度将为企业带来价值,而过度投资将为企业带来损失,甚至可能给企业带来灭顶之灾。我们可以看到,众多高速成长的企业往往在一夜之间突然倒闭,国外的公司如安然等,国内的公司如德隆、格林柯尔等。尽管对它们的失败有诸多解释,但是,过度投资及扩张无疑是重要原因之一。

从已有的文献情况来看,学者们尽管在这一领域进行了大量的研究探讨,也产生了大量的学术研究成果,但是,在我国企业通过加大投资规模方式实现高速扩张的过程中,仍存在着诸多值得学者们深入思考的问题:企业投资的主要方式有哪些? 什么因素决定了企业投资方式的选择? 在现代企业中,管理者控制着资源的配置权,管理者在企业的投资决策中的影

[①] 参见约瑟夫·熊彼特,何畏、易家详译,1990,经济发展理论,北京:商务印书馆。
[②] http://www.fimr.org./News/View.asp? id=4629。

响是什么？尽管代理理论和公司治理等方面的文献注意到经理人在公司决策中的作用,但是这些理论更多的是基于管理者为"理性经济人"的假定进行研究的,同时将管理者视为同质无差异的。而现实中,管理者和其他群体一样,表现出"有限理性"的特点,而且管理者的行为受到其教育背景、工作经历、性别、年龄等特征的影响。那么,上市公司的管理者心理特征和背景特征对企业投资战略产生了什么影响？这些问题的研究对于丰富公司财务理论、行为金融理论、产业组织理论以及企业理论等关于企业投资行为的理论宝库无疑具有重要意义。

同时,企业既可以在本行业进行投资,实现规模经济效应,也可以跨越不同的行业进行投资,既实现范围经济,也分散企业的经营风险。而企业应"专业化"经营还是"多元化"运作,却是一个自 Rumelt(1974)的开创性研究以来,一直没有得到解决的有巨大争议、但是在实践中又迫切需要解决的问题。

从我国上市公司的实际情况来看,有些上市公司是专业化经营的,但是,更多的上市公司的业务往往跨多个不相关的行业。以 2004 年我们所考察的在 2000 年底前上市的 899 家公司为例,70% 的公司是跨越两个以上的行业进行经营,全部样本公司所跨行业的平均值为 2.168。从西方企业的实际情况来看,在 20 世纪 80 年代以前,企业曾热衷于多元化经营,大肆并购与企业主业并不相关的业务,而自 20 世纪 90 年代以来,尽管多数大而著名的企业仍旧存在某种程度上的多元化,但是理论界和实务界逐步认识到,过度的多元化对企业的业绩及企业价值将产生破坏作用。同时,由于企业实践中多元化经营的效果并不理想,西方企业又出现了一个"回归主业"的高潮,一些多元化经营的企业纷纷将不相关的业务剥离出去,专心经营自己的核心业务。

由此,值得我们深思的问题是：为什么西方企业界从 20 世纪 60 年代开始进行多元化,而到了 20 世纪 90 年代又否定这一做法？为什么在西方理论界普遍认为多元化将破坏企业价值、企业应专业化经营的今天,中国企业界又在热衷于此？是不是因为在影响多元化经营的企业特性以及企业所处的宏观经济环境和条件方面,中国与西方发达国家存在重大差异？代理理论认为多元化是"理性经济人"的管理者谋取私利的方式,但是,现实中,经理人与其他人群一样,表现出有限理性的特征。那么,管理者的自身特征,如心理特征,是否影响了企业多元化战略选择？目前,中国没有成形的企业理论去说明这个现象,学者们一般是搬用西方学术界的说法。理论与实践的巨大偏差激励我们对这一问题进行深入分析,而这一问题的研究也可以从另一个方面对中国上市公司的投资行为及投资效率问题提供间接的评价。

二、研究思路及基本框架

实践中,企业主要通过两种投资方式进行扩张,即内部投资和外部投资。内部投资主要指的是企业自行投资,而外部投资则指的是并购。这两种投资方式的区别主要在于:前者是在本企业内部进行投资,购买新设备、新厂房等,或者新建企业;后者则是从本企业外部购买已有的企业。并购对于企业来说有很多好处,如扩张速度快、可以消灭竞争对手、可以迅速获取竞争对手的资源,等等。但同时,并购这一投资方式也有不利之处:通常并购企业要吸收被兼并企业的员工,并负担过多的成本,这样就会减少本企业的运营资金,而且兼并这种方式还将遇到传统的融资困难,这一点在我们国家表现得更甚①,等等。

美国著名经济学家施蒂格勒曾说过:"世界上著名的大企业、大集团,几乎没有哪家不是在某种程度上以某种方式,通过兼并、收购等资本运营手段而发展起来的,同时也几乎没有哪家是完全通过内部积累发展起来的。"②同时,一般认为,中国作为新兴市场经济国家,企业扩张的机会要大大高于成熟的市场经济国家。对此,我们更感兴趣的问题是:在中国经济高速发展的过程中,面临着巨大发展机会的中国企业,究竟偏好哪一类扩张方式,是喜好并购还是喜好自行投资?在中国企业投资中并购与自行投资是属于互补性手段还是替代性手段?是哪些因素决定了企业的投资方式的选择?对这些问题的回答,不仅有助于我们理解现实的经济运行状况,而且也可以极大地丰富产业组织理论、公司战略以及公司财务等领域共同涉及的企业投资行为理论的宝库。因此,第一章对我国企业究竟是采取并购还是自行投资方式进行扩张这一问题进行了实证分析。

---

① 并购贷款或者说杠杆并购在我国一直是被禁止的。以《商业银行并购贷款风险管理指引》的出台为标志,中国银监会直至2008年12月才允许商业银行为企业提供并购贷款。在《指引》中指出,"允许符合条件的商业银行开办并购贷款业务,以满足企业合理的并购融资需求"。

② 转引自中国信息报2007-6-27,作者:初晓。

现代企业的一个显著特征是所有权与经营权的两权分离,由此导致管理者往往对企业行为有着决定性的影响。管理者掌握着企业的资源,而所有者对管理者行为的约束可能是有限的,在我国,对于那些国有上市公司而言,可能更是如此。因此,从管理者行为角度出发研究企业扩张问题就显得尤为重要。在企业投资决策过程中,管理者有可能从其自身利益出发,选择有利于自己而并非有益于股东的投资项目,或发动可能有损于企业价值的并购活动(Jensen 和 Meckling, 1976)。Jensen(1986)进一步指出,当企业存在着大量的自由现金流(free cash flow)时,企业的经理人员会为了谋取私利而将这些自由现金投资于非盈利项目,从而导致企业过度投资行为的发生。长期以来,学者们对该领域一直保持着较强的研究兴趣,也产生了大量的研究成果。

但是,我们可以看出,该领域既有文献存在的一个主要问题是,它们忽略了管理者的异质性,而把管理者视为同质的。无疑,这与现实是不相符的。现实中的管理者由于性别、学习背景、年龄以及信仰等各方面的差异,他们的行为选择具有较大的差异性。与此同时,相关研究也已表明,管理者的背景特征对公司行为产生一定的影响,如公司高管团队的工作背景与公司的国际化战略存在相关性(Lee 和 Park, 2006);高管团队的年龄、任期以及教育与公司的创新活动存在着一定的联系(Camelo-Ordaz et al., 2005; Bantel 和 Jackson, 1989)。Dwyer、Richard 和 Chadwick(2003)还发现,管理层的性别与公司文化等具有一定的相关性。因此,研究管理者的过度投资行为时,如果没有考虑到管理者的相关背景特征,可能就会影响到研究结论的有效性。

依据"高层梯队理论",第二章从管理者年龄、学历、任期、团队规模、性别、工作经历等方面,实证检验了管理者特征对企业过度投资的影响。首先,我们对我国上市公司的整个管理层的团队特征与企业过度投资之间的关系进行了实证分析。接着,我们单独对我国上市公司的主要负责人的背景特征与过度投资行为之间的关系进行了研究。在我国,上市公司的董事长更像发达国家的CEO,因此,我们选择了公司董事长而不是总经理的背景特征进行研究。另外,中国资本市场还存在着两类性质截然不同的控股股东,在公司治理以及公司的许多行为方面,两类性质的上市公司表现出显著的差异性。因此,我们区分了上市公司的性质,对国有控股和非国有控股上市公司的管理者背景特征与中国上市公司过度投资之间的关系进行了实证检验。

传统理论往往将管理者视为完全理性的"经济人",认为管理者行为遵守期望效用最大化原则和贝叶斯学习法则,而现实情况是,人们在经济活动中总是或多或少地表现出有限理性的特征。行为金融学的蓬勃发展已经向人们展示了传统完全理性假设下所未能发现的一些经济规律。

大量的心理学研究结果表明,人们普遍存在着过度自信的心理特征(Weinstein,1980;Alicke,1985)。而这一现象也存在于管理学领域。许多研究发现,企业管理者的过度自信程度普遍要高于一般大众(Cooper et al.,1988;Landier et al.,2004)。但是,从已有的文献情况来看,在经理人的决策模型中,行为假定(behavioral assumptions)却往往被忽视(Barberis 和 Thaler,2003)。

自 Roll(1986)的开创性研究以来,学者们开始重视管理者过度自信在企业财务决策中的影响,如 Heaton(2002)的管理者过度自信对企业过度投资和投资不足的影响;Gervais et al.(2003)的管理者过度自信与资本预算的关系的研究;Malmendier 和 Tate(2003,2005)对管理者过度自信与企业并购等之间关系的研究,等等。研究发现,过度自信管理者往往高估收益,低估风险,其对企业的投资等决策存在着显著的影响。

企业管理者在过度自信心理的驱使下,将对企业的投资决策产生影响。这一点对我国企业来说可能具有更强的现实意义。众所周知,我国绝大多数上市公司是由国有企业改制而来的,这使得它们天生就具有中国特色的国有企业的一些烙印。例如,很多上市公司的高管还是以前国有企业的领导,他们曾经为企业的成长付出了艰苦的努力,为企业的发展壮大立下了汗马功劳。已有的研究表明,过去的成功会加强人们的过度自信心理。因此,在企业的逐步成长中,这些国企的高管容易产生过度自信的心理。同时,改革开放以来,尤其是近十多年来,我国民营企业迅速发展壮大。在民营企业高速成长发展过程中,管理者的过度自信心理也很容易形成。

因此,在我国企业尤其是上市公司大规模投资实现快速扩张目标过程中,值得我们思考的问题是,控制着公司资源的管理者的过度自信特征对企业投资有什么影响?企业所进行的投资决策的经济后果如何?哪些因素影响了企业投资的速度以及投资方式的选择?我国上市公司普遍效率不高,其中一些公司由于连续亏损被 ST、PT,陷入了财务困境,那么,过度自信的管理者所实施的投资战略是否对企业绩效以及陷入财务困境产生了一定的影响？从已有的文献看，这些问题并没有引起学者们的足够关注，而对这些问题的回答无疑具有重要的理论意义和实践价值。因此，第三章以财务理论和企业理论为基础，从行为金融学视角，研究了管理者过度自信对企业投资规模以及方式的影响。进一步地，该章从绩效和财务风险两个方面，对过度自信管理者选择的投资战略的经济后果进行了拓展检验，以揭示管理者过度自信这一心理特征对公司所造成的危害。

企业既可以在本行业内通过并购或自行投资方式扩大企业规模，以实现规模经济效应；同时，也可以进行跨行业投资，实现范围经济，并分散公司的经营风险。企业专业化经营还是多元化运作是企业投资所导致的结果。因此，对多元化及其所导致的经济后果的研究，可以从另一个侧面揭示企业的投资行为和投资效率问题，为企业的投资行为所实现的效果提供佐证。

企业的多元化动机源于企业所面对的外部环境和内部环境（Hoskisson和Hitt，1990），这一点已为人们所接受。但是，从现实情况来看，目前并没有一个统一的理论框架对多元化的动机进行完全、深入的分析，不同领域的学者只是按照自己的研究设计，从自己所处的学科领域提出自己的观点或理论。例如，有的学者根据协同效应提出了效率假说，而有的学者则提出了多元化的市场势力（market power）假说，还有学者则提出了财务协同动机。但是，恰如Ramanujam和Varadarajan（1989）所说，学者们基于管理动机等提出了一些假说，而这些假说却可能忽视了其他一些更有说服力的动机。后来，学者们的兴趣逐步转移到多元化的经济后果的研究上，试图从多元化的经济后果来寻找企业的多元化动机。而这又产生了另外一个问题，即一定的经济后果可能是多种动机的结果，人们很难判断到底是哪种动机最终起了决定作用。因此，Hill和Hanson（1991）指出，如果不考虑到企业多元化经营的初始动机，多元化对企业绩效的影响便难以得到很好的理解。

多元化经营对企业价值的效应到底是负还是正，可能因国别和国家的发展阶段而异。就现阶段我国上市公司而言，研究表明，多元化经营对企业价值具有正效应，多元化经营可以提高企业的价值；企业的多元化对企业收益的波动具有负效应，即多元化降低了企业收益的波动程度（姜付秀、刘志彪、陆正飞，2006）。从我国上市公司的实际情况来看，尽管大部分上市公司跨越不同的产业进行经营,但是,专业化经营的上市公司也占有很大的比例。通过考察在 2000 年底以前上市的全部非金融类上市公司,我们发现,2001—2004 年,专业化经营的上市公司占全部上市公司的比例分别为 35.93%、34.93%、31.59% 和 30.59%。由此引出一个话题:既然多元化经营可以减少公司收益的波动性,降低公司的经营风险,并对提高上市公司的价值具有促进作用,为什么我国还有这么大比例的上市公司没有选择这一经营模式?到底是什么决定了我国上市公司的多元化经营模式的选择?第四章就我国上市公司多元化经营的影响因素进行了实证分析,旨在对此提供一个可能的解释。

公司的多元化动因有多个方面。代理理论从管理者的私利的角度,探讨了经理人分散自身不可转移风险、追求高额薪酬等因素对公司多元化经营方式的可能影响,会通过追求多元化发展战略来降低企业总风险,从而提升他们个人的地位。Amihud 和 Lev(1981)指出,如果管理人员在企业中具有大量的不可交易的人力资本投资,那么他们可能会发现,通过集团企业多元化发展战略,来分散投资活动和降低破产概率,从而提升其工作安全系数和维持其在企业的特有人力资本投资是有利可图的。同时,国内外相关研究表明,企业管理人员报酬往往与企业规模而非企业绩效更相关(Roberts,1959;Cosh,1975;杜胜利、翟艳玲,2005)。代理理论看到了经理人对公司多元化战略决策的影响,但是,管理者除了追求私利等主观动机以外,其行为往往还受到其自身的一些特征的影响,如管理者过度自信这一心理特征。

企业管理者在过度自信心理的驱使下,可能会对企业的多元化战略产生重大影响。这一点对我国企业来说可能具有更强的现实意义。多元化可以分散企业的经营风险,同时,理论和实践已经证明,过度的多元化会破坏企业价值,增大企业的风险,甚至导致企业破产。这样的例子在我国可以举出很多,如三九药业等。而过度自信的管理者的一个显著特征是高估收益,低估风险。在中国经济高速成长为公司创造很好的外部发展机会的环境下,过度自信的管理者可能仅仅看到多元化所可能带来的好处,而忽略了其给公司带来的潜在危害。

从过度自信角度来研究我国上市公司的多元化问题,可能会为我们揭示出以往所未能注意到的现象。因此,管理者过度自信与多元化之间关系的研究就构成了本书第五章的内容。同时,在该部分,我们还将过度自信的管理者所选择的多元化战略对企业风险的影响作为拓展性研究,以揭示管理者过度自信对公司的破坏作用。

公司的多元化经营具有经济后果。但是,学者们在多元化是否提升企业绩效、创造价值这一问题上却并没有形成统一的研究结论。从实证研究的情况来看,学者们更倾向于认为,多元化会破坏企业价值,其中的典型代表为 Lang 和 Stulz(1994)。

从我国上市公司的实际情况来看,有些上市公司是专业化经营的,但是,更多的上市公司的业务往往跨多个不相关的行业。以 2004 年我们所考察的在 2000 年底前上市的 899 家公司为例,70% 的公司是跨越 2 个以上的行业进行经营,全部样本公司所跨行业的平均值为 2.168。从这些公司的实际业绩情况来看,多元化经营的公司中不乏业绩佼佼者。

由此,值得我们深思的问题是:为什么西方企业界从 20 世纪 60 年代开始进行多元化,而到了 20 世纪 90 年代又否定这一做法?为什么在西方理论界普遍认为多元化将破坏企业价值,企业应专业化经营的今天,中国企业界又在热衷于此?是不是因为在多元化经营的企业特性以及企业所处的宏观经济环境和条件方面,中国与西方发达国家存在重大差异?目前,中国没有成形的企业理论去说明这个现象,学者们一般是搬用西方学术界的说法。理论与实践的巨大偏差激励我们对这一问题进行深入分析。第六章试图从对多元化经营的经济后果的分析入手,对我国上市公司多元化经营的原因提供一个间接的解释。

在企业理论中,马里斯(Marris,1963)模型最早对企业多元化与企业利润率之间的关系进行了研究。他认为,为了追求企业成长,企业必须以牺牲一部分利润率为代价。而企业多元化是企业成长的函数,因此,多元化与企业利润率之间存在着负相关关系。但是,需要引起我们注意的是,这一负相关关系是有一定的前提假设的;同时,马里斯本人也认为,只有在企业增长率达到一定的数值后,二者才变为负相关;而在非常低的增长率的情况下,增长率和利润率之间会呈现出正相关关系。从我国的实际情况来看,马里斯模型所揭示的增长和利润之间存在负相关关系的前提假设可能并不成立。因此,马里斯模型所揭示的增长(多元化)和利润之间存在负相关关系可能在我国不一定成立,多元化对企业价值的损害作用可能并没有真正体现出来。

正是基于以上认识,第六章首先从马里斯模型分析入手,通过分析指出:马里斯模型所揭示的利润与增长率之间负相关关系的前提假设可能在我国并不成立,并以此作为实证分析的理论基础。我们以不同的衡量指标,对我国上市公司的多元化经营状况进行了详细的考察,在此基础上,深入地研究了我国上市公司的多元化经营与企业价值之间的关系,以及多元化经营是否分散了公司的经营风险,降低了公司收益的波动性。同时,我们还从公司的资本成本这一视角,对多元化的经济后果进行了拓展性检验。另外,根据马里斯增长理论,企业在一定阶段,企业成长可能带来利润率的提高,只有在企业增长率达到一定程度后,企业的高速成长才可能与利润率呈负相关关系,即马里斯模型暗含着在增长和利润率关系之间存在着一个拐点。我们对马里斯所讲的"拐点"是否在我国上市公司中已经出现进行了进一步的拓展研究。

三、主要研究发现及研究意义

本书围绕着企业扩张这一主题,以中国上市公司为例,就企业扩张的方式、扩张的影响因素、所导致的经济后果等问题,进行一定的实证研究。主要的研究发现和意义体现在以下几个方面:

(1)我国上市公司主要以自行投资作为扩张方式;实际控制人类别、董事会活跃度、股权集中度、现金、企业规模和是否有集团形式的母公司等因素显著地影响了企业投资方式的选择;而实际控制人类别、董事会活跃度、成长性、现金、是否有集团形式的母公司、企业规模、无形资产规模等因素的差异造成了两种投资方式在规模上的差异;企业的两种投资方式之间存在着显著的互补关系。该研究不仅有助于我们理解现实的经济运行状况,有助于更好地了解现实中企业的投资行为及其影响因素,而且也可以极大地丰富行为金融理论、产业组织理论、公司战略以及公司财务等领域共同涉及的企业投资行为理论的宝库。

(2)我国上市公司管理者的背景特征与上市公司的过度投资之间存在显著的相关性。具体而言,管理层的学历、管理层平均年龄与过度投资之间存在显著的相关性。董事长个人的背景特征对过度投资的影响主要表现在学历、年龄、教育专业背景、工作经历上。进一步区分企业性质后的研究发现,在国有控股企业和非国有控股企业中,管理者(包括管理层和董事长)的背景特征对企业过度投资的影响具有一定的差异性。该研究的启示意义在于,在研究公司投资等行为时,必须考虑到管理者的相关特征。

同时,该研究对于我们更好地理解公司的投资行为,为上市公司的人力资源管理以及加强国有企业的董事长等公司高管的选拔具有一定的启示意义。

(3) 管理者过度自信对我国企业的投资规模及方式产生了显著的影响,具体表现在:管理者过度自信和企业的总投资水平、内部投资之间存在显著的正相关关系,当企业拥有充裕的现金流时,正相关程度更大。但管理者过度自信与企业外部投资(并购)之间的关系并不显著。拓展研究的结果表明,过度自信所进行的投资决策对企业的绩效产生了不利影响,同时,也加大了企业陷入财务困境的可能性。该研究拓宽了已有理论对企业投资行为的研究视角,同时,可以清楚地看到管理者过度自信这一心理特征对公司的危害。

(4) 我国上市公司是否多元化以及多元化的程度受多种因素影响。就主观动机而言,传统所认为的多元化经营的经济理性动机、组织理性动机以及个人理性动机,也不同程度地影响着我国上市公司进行多元化经营模式的选择。但相比较而言,我国上市公司的多元化经营模式的选择,更多的是基于组织理性动机(控制经营风险)和个人理性动机(公司高管出于利己动机的考虑)。同时,在客观条件方面,公司规模、股权结构、公司上市的时间长短以及公司所处的行业等因素也对上市公司多元化及其程度产生了显著影响。该研究在丰富多元化这一研究领域文献的同时,也有助于我们更好地理解我国企业选择多元化这一经营模式的动机。

(5) 管理者过度自信与上市公司的多元化经营之间存在显著的相关性。过度自信的管理者更偏好多元化经营;尽管我国上市公司的多元化经营会降低企业风险,但是,管理者的过度自信心理特征会对多元化的这种风险降低效应产生反向影响。该研究从新的角度揭示了我国上市公司偏好多元化经营的原因及其经济后果,在丰富多元化的影响因素这一领域文献的同时,对于更好地了解管理者过度自信对企业所可能带来的不利影响具有较强的启示意义。

(6) 马里斯关于企业利润与增长之间存在负相关关系的前提假设并不适应于我国上市公司,对处于经济转轨时期的中国上市公司而言,增长与利润之间的关系表现出新的特征。我国上市公司的多元化对企业价值具有正效应,多元化经营可以提高企业的价值;企业的多元化对企业收益的波动具有负效应,即多元化降低了企业收益的波动程度;同时,多元化与权益资本成本正相关,而与总资本成本负相关;另外,没有明显的迹象表明,我国上市公司的多元化经营与绩效关系之间的拐点已经出现。该研究在一定程度上为现阶段我国上市公司普遍采取多元化经营这一模式进行了一个间接的解释;同时,也为上市公司的多元化投资方式的合理性提供了一个间接的说明。

行为篇

第一章

中国上市公司投资行为：投资方式视角

第一节 引 言

近年来,在我国各种报刊、企业管理者的谈话甚至是企业章程中,我们经常可以看到"做大做强"这一字眼,它已成为我国企业的流行语,而且在各级政府官员的经济言论中也司空见惯。同时,从行为表现来看,我国企业的投资冲动这些年极为强劲,以迅速扩张为目的的海内外并购案也频频发生,而且并购金额逐年攀升。以海外并购为例,2000年中国企业的跨国并购总额为18亿美元,而2005年则上升至62亿美元。① 从我国上市公司的情况来看,2000—2003年,上市公司总投资规模的年均环比增长率分别为38.74%、36.83%、27.67%和44.95%,呈现出长期高速扩张的势头。

实践中,企业主要通过两种投资方式进行扩张,即内部投资和外部投资。内部投资主要指的是企业自行投资,而外部投资则指的是并购。这两种扩张方式的区别主要在于:前者是在本企业内部进行投资购买新设备、新厂房等,或者新建企业;后者则是从本企业外部购买已有的企业。并购扩张对于企业来说有很多好处,如扩张速度快、可以消灭竞争对手、可以迅速获取竞争对手的资源,等等。但同时,并购这一扩张方式也有其不利之处,譬如通常并购企业要吸收被兼并企业的员工和过多的成本,这样就会减少本企业的运营资金,而且兼并这种方式还将遇到传统的融资困难,这

---

① 参见摩根大通2005年的全球产业并购报告。http://www.fimr.org./News/View.asp?id = 4629。

一点在我们国家表现得更甚①,等等。

并购是企业在短时间内迅速做大企业规模或进入一个新的业务领域的有效手段。一般认为,中国作为新兴市场经济国家,企业扩张的机会要大大高于成熟的市场经济国家。对此,我们更感兴趣的问题是:在中国经济高速成长的过程中,面临着巨大发展机会的中国企业,究竟喜好哪一类投资方式进行扩张,是喜好并购还是喜好自行投资?在中国企业扩张中,并购与自行投资是属于互补性手段还是替代性手段?是哪些因素决定了企业的投资方式的选择?对这些问题的回答,不仅有助于我们理解现实的经济运行状况,而且也可以极大地丰富产业组织理论、公司战略以及公司财务等领域共同涉及的企业行为尤其是投资行为的理论宝库。

以中国上市公司为例,我们对我国企业的两种扩张方式之间的关系以及不同扩张方式的影响因素进行一定的研究探讨。这一研究在丰富已有关于企业投资方面的文献的同时,对于我们更好地理解我国企业行为具有很好的启示意义,而且本研究结论具有较重要的政策含义:对于企业如何针对本公司的实际情况做出合理的决策,国家政策制定部门如何针对影响企业扩张的因素做出相应调整,促进企业健康快速成长,都具有较好的启示。另外,以中国上市公司为对象的研究,对于其他与中国具有相似特征的国家无疑也具有一定的借鉴价值。

第二节 文献回顾及理论基础

投资行为作为公司财务的三大决策之一,受到了学者们的高度重视和广泛关注。从已有文献来看,学者们从信息不对称(Narayanan,1985;Lensink 和 Sterken,2001)、融资约束(Fazzari、Hubbard 和 Petersen,1988)以及公司治理(Jensen 和 Meckling,1976,1986;Stulz,1990;Brealey 和 Myers,2000;Shin 和 Kim,2002;等等)等多个视角,就公司投资行为问题进行了详细的研究,也产生了大量的学术成果。

信息不对称与企业投资:公司的现有股东和未来股东之间存在不对称

---

① 并购贷款或者说杠杆并购在我国一直是被禁止的。以《商业银行并购贷款风险管理指引》出台为标志,中国银监会直至 2008 年 12 月 9 日才允许商业银行为企业提供并购贷款。在指引中指出,"允许符合条件的商业银行开办并购贷款业务,以满足企业合理的并购融资需求"。

信息。基于此,Myers 和 Majluf(1984)认为,融资中,现有股东和未来股东之间的信息不对称将引起企业投资不足。由于经营者是为现有股东的利益服务的,经营者有动机以高于真实价值的价格发行公司证券,从而最大化现有公司股东的财富。当外部投资者知道经营者的这一动机后,自然会把企业发行诸如股票的风险性证券当成一种坏消息,并据此调整对公司的估价。如果外部新投资者不了解公司的真实价值,而公司又必须通过股票为新项目融资时,股价可能被严重低估。如果公司为筹资而发行证券,将使现有股东受损。因此,代表现有股东利益的经营者会放弃大于零的投资项目,从而发生投资不足。

Narayanan(1988)则从外部投资者和内部经营者之间的信息不对称角度,分析了信息不对称对企业过度投资的影响。当企业的外部投资者与内部经营者之间在企业投资项目的价值方面存在信息不对称时,外部投资者通过项目的 NPV 将所有公司进行完全分离是不可能的。新项目的 NPV 较低的企业可以从发行被高估的股票中获利,企业从发行被高估股票中所获得的收益可能会弥补 NPV 小于零的项目所造成的损失。由此,企业可能实施 NPV 小于零的项目,发生投资过度现象。

融资约束与企业投资:在融资约束这一研究领域,开创性研究始于 Fazzari、Hubbard 和 Petersen (1988)。他们按照现金股利发放的高低区分企业受到的融资约束程度,并运用投资现金流敏感性模型研究了融资约束对企业投资行为的影响。研究发现,融资约束程度越高,企业的投资对内部现金流的敏感性越强。随后的许多实证研究分别以公司规模、年限、信息公开程度、债券和信用评级等不同的标准划分融资约束水平,从不同角度论证了融资约束与投资现金流敏感性之间的关系(Gertler 和 Gilchrist,1994;Hovakimian 和 Titman,2006;Devereux 和 Schiantarelli,1989;Chirinko 和 Kalckreuth,2002,等等)。

然而,Kaplan 和 Zingales(1997)指出,没有研究能够充分给出 FHP 模型隐含的投资现金流敏感度随着融资约束程度增长这种单调关系的理论原因。他们以 FHP(1988)样本分组中融资约束程度最高的公司为研究对象,运用综合信息判别法将样本公司按照不同的融资约束水平分成五类,研究发现融资约束程度最低的公司投资对现金流的敏感性最高,从而在实证检验中指出了投资现金流敏感性模型的缺陷。Cleary(1999)进一步扩充了 KZ(1997)的研究样本,采用综合财务指标进行多元判别分析,实证研究结果支持了 KZ 的结论。

近些年来,国内学者也在融资约束与企业投资这一研究领域进行了相应的研究。冯巍(1999)分析了沪深交易所上市的135家制造业公司样本数据,研究表明分红水平低、非国家重点公司和没有实行主办银行制度的公司的投资对内部现金流敏感性高。郑江淮、何旭强、王华(2001),姜秀珍、全林、陈俊芳(2003),魏峰、刘星(2004)等,借鉴FHP(1988)的思想,以股权、公司规模、股利支付率等不同标准划分融资约束程度,从投资决策对内部现金流的敏感性的角度,对这一问题进行了一定的研究。

公司治理与企业投资:近年来,公司治理一直是学术界的研究热点,有关企业投资的公司治理因素的经验证据较为丰富。Jensen和Meckling (1976)提出,股权结构影响公司投资,进而影响公司价值。此后的实证研究也都证明股权结构影响公司投资行为。

世界上大多数国家的公司股权结构都相当集中,大部分公司通常至少有一个相对突出的大股东,甚至控制性股东(La Porta et al.,1999;Claessens et al.,2000)。即使在美国这样股权高度分散的国家,也存在一定程度的大股东控制现象。由于大小股东之间的利益存在冲突,因此,在大股东控制的情况下,公司的代理问题更多地表现为大股东的代理问题。由于处于控股地位的大股东可以通过其他途径获取隐性收益,如低效率投资、关联交易、过度多元化等 (La Porta et al.,2000;Claessens et al.,2000;Gaspar et al.,2005),从而可能导致公司的投资决策偏离正常的轨道。

由于管理层持股水平决定其与股东利益的协同程度,因而是影响投资战略选择的重要因素(Denis et al.,1997)。Cho(1998)以1991年财富500强制造企业为研究样本,研究了管理层持股、投资与公司价值之间的关系。研究结果表明,股权结构影响公司的投资决策。此外,张翼等(2005)基于中国上市公司的研究表明,产权性质与管理层持股均对企业扩张具有显著影响。

由于现代企业的典型特征是公司所有权和经营权相分离,经理人控制着公司的资源,因此,企业扩张的动机往往被认为是管理者出于自身利益最大化,这一动机又可进一步细分为构筑商业帝国、管理者防御及壕沟效应及维护声誉及职业地位等几个方面(Jensen,1986;Narayanan,1985;Amihud和Lev,1999;Aggrawal和Samwick,2003;等等)。

Berle和Means(1932)很早便注意到管理层自身具有权力扩张动机与需求,在此之后,Baumol(1959)、Finkelstein和Hambrick(1989)、Bebchuk和Grinstein(2007)等进一步通过管理层薪酬主要与规模而非业绩相关的经验证据证明了管理层存在扩张的充分理由。Grossman 和 Hart(1986)利用契约分析工具,证实了管理层的人力资产专用性将随着企业规模扩大而提升,因而管理层还具有构筑防御壕沟的规模扩张动机。在这些观点之外,Roll(1986)还另辟蹊径提出了企业扩张的管理层"自以为是"(Hubris)假说,将一部分企业扩张动机归结为管理层过度自信、狂妄自大的结果。

本研究更加关注企业的投资方式问题,因此,以下部分主要就企业投资方式选择这一领域的文献进行回顾与综述。

企业在进行投资时,可以选择内部投资的方式,也可以选择外部投资即并购的方式。但从现实情况来看,在不同的国家或不同的时期,企业在选择投资方式时会有所侧重。这一现象引起了人们的思考,并发现了一些企业扩张方式选择的影响因素。现有研究表明,这些影响因素分为外部因素和内部因素。

外部影响因素主要包括市场增长率、市场竞争度、资本市场状况等。Caves 和 Mehra(1986)研究了企业扩张方式与 GDP 的关系,发现 GDP 增长率高的国家选择内部投资的方式的可能性要高于 GDP 增长率低的国家。这一结果表明,当市场机会较多时,比较适合采用内部投资方式,而当市场已趋于饱和时,并购则是更好的选择。而对市场竞争度较低的新兴市场而言,比较适合采用内部投资方式;对竞争激烈的市场,更适合采用外部投资即并购的方式(Andersen,1997)。全球的五次并购浪潮都发生在证券市场繁荣时期(Golbe 和 White,1988),这从一个侧面说明了,当证券市场繁荣时,企业可能更倾向于采用并购投资方式;反之,在证券市场萧条时期,内部投资方式可能会更多被采用。

内部影响因素包括企业规模、行业、盈利能力、企业经验等。Rubin(1973)基于资源理论提出了一个企业投资扩张的理论模型,并提出当企业具有较强的专业能力时,例如拥有一个强而有力的 R&D 或者财务部门时,企业更可能选择并购扩张;这一点更为直接的表现是,当并购的总利润大于内部投资所能够产生的总利润时,企业将选择并购。Dubin(1976)发现,企业规模越小,越倾向于选择并购的方式进行扩张。Balakrishnan 和 Koza(1993)的研究表明,当企业要进入不同的行业时,会更倾向于选择内部投资方式;反之,在原有行业内进行扩张时,更倾向于选择并购的方式。Zejan(1990)发现,多元化公司和盈利能力强的公司更喜欢采取并购的方式。Larimo(2002)发现,企业采用某种投资方式的时间越长,经验越丰富,就越容易采用同样的投资方式进行扩张。

从上述文献可以看出,虽然有文献涉及并购与自行投资问题,但都主要集中在讨论相关的影响因素方面。需要注意的是,上述研究主要都是以西方发达市场为对象,在中国的转型经济性质以及其他一些独特的制度背景下,企业的投资方式可能表现出不同于西方公司的特征。因此,针对中国特定的制度背景来研究企业的投资方式问题是非常必要的,而且可能会有新的研究发现。

1979年改革开放以来,中国经济高速发展,至2006年,经济持续28年快速增长,国内生产总值增速平均达到9.6%。无疑,作为中国经济微观基础的企业在其中起到了根本性的作用。在中国经济高速成长的过程中,面临着巨大发展机会的中国企业具有强烈的投资扩张冲动。

同时,随着改革开放的逐步深化,以及我国市场经济地位的逐步确立,制约企业发展,尤其是制约在我国国民经济中占有很大比重的非国有企业发展的相关法律法规等一些制度障碍,得到了很大程度的缓解;自20世纪末开始的国有企业改制,又为企业通过并购方式实现快速增长提供了很好的外部条件;我国公司众多,但是上市公司仅为1 500家左右,资本市场的发展为上市公司的股权融资提供了便利;我国进行多年的金融体制改革,使得各银行之间的竞争激烈,相比众多的非上市公司,上市公司的质量要好一些且其信息披露制度完善,从而使得银行的信贷风险要小一些,由此一来,上市公司便成为各银行争夺的优质客户,上市公司的债务融资也相比于其他公司更具优势,因此,上市公司投资的资本来源比较充足,从而为公司投资提供了很好的资本支持。另外,由于种种原因,我国上市公司大多由国有企业改制而来,企业的股权集中度过高,在这样的公司治理结构下,企业的战略决策更容易实施,尽管这些战略的科学性、合理性值得怀疑。除以上因素,我国企业自身的一些特征也可能对企业的投资产生一定的影响。

无疑,针对上述中国特定的制度背景和上市公司实际,探讨研究中国上市公司的投资问题,对于丰富公司金融、产业组织理论以及企业理论等相关理论具有较大的理论意义,同时,在中国对这些问题的研究具有较强的现实价值和政策含义,为我们更好地理解企业行为,为企业的科学决策、健康发展具有一定的启示意义,对政策制定部门为企业发展提供更好的制度保障也具有一定的借鉴意义。

第三节　样本与变量界定

一、样本

以我国沪、深证券市场的 A 股上市公司作为研究样本。为了深入分析我国上市公司的投资状况,研究区间相对较长可能更好、更有说服力,但是,由于我国上市公司的部分相关信息的披露是一个逐步完善的过程,因此,基于研究目的和数据的可获得性,我们选择了 1998—2006 年作为研究区间。为了选出合适的样本,我们设定了如下选择条件:(1) 不包含金融类和 ST、PT 类上市公司;(2) 不包含数据不全的公司;(3) 有研究年度前一年的数据,即至少是在研究年度前一年内上市。在经过上述选择后,最终共得到 6 573 个观测值。

以上述样本为基础,我们收集了该样本公司在 1998—2006 年间的并购数据。在此期间由上市公司作为主并方的并购事件共发生 9 015 起。由于关联方之间的并购可能存在盈余管理动机,因此,我们剔除其中属于关联交易的并购事件 7 058 起,最后获得 1 957 起并购,这些并购正是我们所需要的数据。我们将每家公司在每年的并购事件进行合并,共得到 1 130 个观测值。数据来自 CCER 和 CSMAR 数据库。

二、变量界定

我们主要考察的是并购和自行投资之间的关系及其影响因素,因此我们分别设置了这两类变量。并购变量用并购规模(MA)表示。自行投资变量参照 Richardson(2006)的方法,将其定义为:(支付的构建固定资产、无形资产等的现金 - 出售固定资产、无形资产等收回的净现金 - 当年折旧额)/年初总资产 × 100%[①]。同时,因为我们考察的是企业的投资扩张问题,而不是收缩问题,所以我们剔除了上述变量中的负值。为了研究影响并购规模与自行投资规模差异的因素,我们还设置了并购是否大于自行投资哑变量。为了便于比较,并购金额和自行投资额都用年初总资产进行了

---

① 因为折旧额可能包含纳入合并报表的被并购方的部分,虽然这只占很小的部分,但为了验证结论的稳健性,我们在后面的回归中也采用未扣除折旧额的公式进行了分析,发现两种衡量方法的结果基本一致。

标准化,并用百分比的形式表示。

根据相关理论及文献,我们设置了一些控制变量。

企业的实际控制人类别(CONTROL):Jensen 和 Meckling(1976)认为,提高对企业有控制权的内部股东的股权比例,能有效地产生管理激励,降低代理成本,提高企业价值。Shleifer 和 Vishny(1997),La Porta 等(1998;2000),孙永祥、黄祖辉(1999),陈小悦、徐晓东(2001)等国内外学者基于不同的研究对象,都得出了股权结构影响企业价值或绩效的研究结论。中国上市公司股权结构的一个显著特点就是多数由国有股东控制。徐莉萍、辛宇和陈工孟(2006)认为,中国国有控股上市公司更多地面临着管理层私利(managerial entrenchment)行为产生的风险,即国有控股上市公司和非国有控股上市公司在代理问题上存在着显著的差异。而国有企业和民营企业由于代理问题等方面的差异,会造成企业投资行为的差异(欧阳凌、欧阳令南、周红霞,2005)。我们控制了该因素,如果控股股东为国有企业,取值为0;反之,则取值为1。

二职合一情况(DUAL):董事长是否应该兼任总经理(CEO),是一个颇受争议的问题。委托代理理论主张采取两职分离的领导结构。代理理论认为,人具有天然的偷懒和机会主义的动机,为了防止代理人的"败德行为"和"逆向选择",需要一个有效的监督机制。二职合一意味着要总经理自己监督自己,这与总经理的自利性是相违背的,因此,代理理论认为,董事长和总经理两职应该分离,以维护董事会监督的独立性和有效性。Pi 等(1993)发现,董事长和 CEO 两职分离将提高公司绩效。Goyal 等(2000)研究表明,如果总经理同时兼任董事长,那么有关总经理变更的决策有效性就会下降。然而,Boyd(1995)认为,总经理对自身尊严、信仰以及内在工作满足的追求,会促使他们努力经营公司,成为公司资产的好"管家"。二职合一有利于促进企业的创新自由,有利于提高信息沟通的效率和组织决策的速度,从而也有助于提高企业的经营绩效。另外,Moyer 和 RAO(1996)研究表明,两种不同的领导结构与业绩之间只存在很小的差异。为了控制公司领导结构可能对公司投资决策的影响,我们设置了二职合一哑变量,对该因素进行了控制。

董事会规模(DIRSIZE):Lipton 和 Lorsch(1992)指出,许多董事会的功能紊乱,而这是由董事数量的增加造成的。他们认为,董事会规模应该是8或9人。在他们看来,即使董事会的监控能力会随着董事会规模的增大而增加,也不应该增大董事会的规模,因为大规模董事会将导致缓慢的决策速度、更少关于经理层绩效的公正性的讨论等问题,从而导致董事会规模增大带来的成本超过收益。Jensen(1993)、Alexander 等(1993)也认为,规模大的董事会不如规模小的董事会那么富有效率。但是,Preffer(1972;1973),Provan(1980),Ocasio(1994)则依据资源依赖理论,认为规模相对较大的董事会更有利于提高治理效率。依据资源依赖理论,董事会的规模可作为一个组织通过与外部环境相联系以获取关键资源的能力的计量指标,它反映了公司订约环境的大致"内容"和董事会服务所提供的专家建议的数量。对于外部有效联系的需求越大,董事会的规模就应该越大。我们控制了董事会规模对企业投资决策的影响。

董事会活跃度(DIRMEET):董事会会议应该多开还是少开,关键要看董事会会议次数与公司业绩之间到底有没有关系。然而,如同公司治理领域的其他问题,在该问题上,学术界也出现截然相反的观点。Lipton 和Lorsch(1992)认为,董事会会议次数越多,则表明董事会越积极有效,所以,董事们每两个月至少应该开一次会,每次会议应该要有一整天。与此相反,Jensen(1993)则认为,董事会会议往往只是走走形式。董事会会议的大部分时间往往被用来讨论公司的日常事务,董事们实际上没有太多时间来讨论公司管理层的表现。因此,董事会会议应该少开。Vafeas(1999)的研究表明,董事会会议频率与公司价值成反比关系。我们控制了董事会活跃度对公司投资决策的影响。

高管持股比例(GGHOLD):相关研究表明,经理人员持股有利于将经理人员的利益与股东利益紧密地联系在一起,可以有效地防止经理人员的道德风险,激励经理人员努力工作以实现股东价值最大化目标(Jensen 和Murphy,1990)。经理人持股作为一种长效激励机制,与工资、奖金、福利等激励方式一起,成为西方发达国家经理人薪酬的重要组成部分。近年来,上市公司对经理人持股的探索也进入加速发展阶段。研究发现,高管的持股比例越大,企业投资越多(Malmendier 和 Tate,2005;郝颖、刘星、林朝南,2005)。我们用所有高管的持股比例来衡量该变量。

股权集中度(HHI):股权集中度反映了公司各大股东之间的制衡情况。Grossman 和 Hart(1980)的研究表明,股权结构分散条件下,单个股东缺乏监督公司经营管理、积极参与公司治理和驱动公司价值增长的激励。Shleifer 和 Vishny(1986)指出,一定的股权集中度是必要的,因为大股东具有限制管理层以股东利益为代价、谋取自身利益行为的经济激励和能力,可以更有效地监督经理层的行为,有助于降低经理层的代理成本。而

Laporta(1999)等人则认为,控股股东的利益和外部小股东的利益常常并不一致,两者之间存在着严重的利益冲突。在缺乏外部控制威胁,或者外部股东类型比较多元化的情况下,控股股东有可能以牺牲其他股东的利益为代价来追求自身利益。因此,股权分散型公司的绩效和市场价值要优于股权集中型公司。基于中国上市公司的实证研究,白重恩等(2005)以及陈信元、汪辉(2004)等发现,股权制衡对公司价值有正向影响。我们认为,在中国上市公司中,股权制衡可以约束大股东的行为,同时,也可以使得公司的投资等决策更科学、合理。我们以前五大股东持股比例的平方和×10 000来衡量股权集中度。

独立董事规模(DDSIZE):作为一种公司治理手段,独立董事的存在应该能够起到抑制管理者出于私利考虑所进行的高速扩张进而导致企业风险加大效应。Williamson(1985)认为,经理担任董事很容易把董事会变成经理人的工具,引入独立董事可以保证董事会对公司的基本控制关系不因管理者的介入而受到影响。Hermalin和Weisbach(2003)对相关实证研究所做的综述表明,在CEO更换、敌意收购、毒丸策略和CEO薪酬制定等方面的决策行为上,独立董事比例越高,董事会的决策行为越有利于公司的发展。基于中国上市公司的研究,何卫东(2003)的研究表明,上市公司独立董事在决策参与方面发挥着重要作用。我们用独立董事人数占董事会总人数的比例衡量独立董事规模。

成长性(GROW):企业的成长性越高,表明企业所面临的发展机会越多,从而企业的投资水平越高。一般来说,与成熟性和衰退性企业相比,成长性越高的企业其扩张速度也就越快。我们用(上年主营业务收入−前年主营业务收入)/上年初总资产的比例来衡量企业的成长性。

母公司是否是集团公司(JT):国内众多的上市公司都存在集团性质的母公司,母公司往往会通过利益输送影响上市公司(刘峰、贺建刚、魏明海,2004),从而会对上市公司的投资行为造成影响。为此,我们设置哑变量对该因素进行控制,如果上市公司的母公司是集团公司则取为1,否则为0。

盈利能力(ROE):企业的盈利能力越高,效益越好,一方面,根据融资的"啄序理论"(pecking order theory),企业融资首先倾向于内部收益留存,因此,盈利能力高为企业进行投资提供了一定的内源资本支持;另一方面,为了扩大企业的生产能力,占领更大的市场,企业可能进行大量的投资。另外,企业盈利能力还是企业能否获得股东以及银行等债权人资本支持的重要因素,在中国,这一点更加突出,如中国证监会对上市公司的增发和配股提出了明确的盈利能力要求。我们以净资产收益率来替代企业的盈利能力。

资产属性(WXZC):无形资产规模代表了企业在研发方面的投入,企业研发投入会推动后续的投资。Rubin(1973)基于资源理论提出了一个企业投资扩张的理论模型,并提出当企业具有较强的专业能力时,例如拥有一个强而有力的 R&D 或者财务部门时,企业更可能选择并购。这表明企业的资源状况将影响企业投资以及投资方式的选择。我们用年初无形资产余额/年初总资产衡量该变量。

投资机会(Tobin's Q):投资机会是影响公司投资支出的一个重要因素。企业的投资机会越多,企业越有可能进行投资(Malmendier 和 Tate,2005)。Kallapur 和 Trombley(1999)通过实证分析,认为账面价格与市场价格之比是最有效的代理变量,这些代理变量包括:权益的市场价格/账面价格、资产的账面价格/市场价格、Tobin's Q 以及厂房设备的账面价格/企业市场价值。我们以 Tobin's Q 来替代企业的投资机会,该变量的计算公式为:(年初流通股数价值+年初未流通股数账面价值+负债的账面价值)/年初总资产账面价值。

负债比例(DEBT):负债不应当仅仅被视为一种融资手段,它同时也是一种重要的治理工具(Williamson,1988)。Jensen 和 Meckling(1976)认为负债水平的增加可以减轻经理对公司资产的侵占行为;进一步地,Jensen(1986)的自由现金流理论认为,负债会抑制企业的过度投资行为。Grossman 和 Hart(1982)指出,如果破产对经理而言成本很高,由于债务的增加使破产的可能性变大,因而能够激励经理人员努力工作和减少偷懒。Mills、Morling 和 Tease(1995),Lang、Ofek 和 Stulz(1996)的研究表明,负债水平和资本支出之间存在负相关关系。因此,我们控制了负债水平对企业投资决策的影响。该指标用总负债与总资产的比值衡量。

现金流(CF):现金流越多,企业有越多的资源用于投资。根据 Jensen(1986)的自由现金流理论,企业的自由现金流越多,越有可能进行有损于股东价值的扩张活动。Shin 和 Kim(2002)也发现,拥有大量现金的企业比持有少量现金的企业容易做出非效率的投资决策。张翼和李辰(2005)的研究发现,在我国国有上市公司中,存在着由自由现金流量导致的过度投资问题。同时,Fazzari 等(1988),Hoshi、Kashyap 和 Scharfstein(1991),Chapman、Junor 和 Stegman(1996),以及冯巍(1999)等学者利用不同国家的样本数据进行了检验,其结果都表明企业投资受到融资约束,因此,企业拥有的现金流量是影响企业投资的主要因素之一。我们用上期净现金流量/年初总资产衡量该指标。

企业规模(SIZE):Fazzari、Hubbard 和 Petersen(1988),Hubbard(1998)等学者的研究表明,公司规模会影响公司投资规模大小。企业规模越大,企业可支配的资源越多,企业可能投资规模越大。同时,Dubin(1976)发现,企业规模与企业投资方式的选择具有相关性。我们用企业年初总资产的自然对数衡量该指标。

此外,我们还控制了行业和年度因素。其中,行业(IND),根据我国证监会划分的13个行业,去除金融业后,以农业为基准,设置11个行业哑变量。年度(YEAR),以2002年为基准,设置3个年度哑变量。

具体的各变量定义如表1-1所示。

表1-1 变量定义

变量符号	变量名称	变量定义
MA	并购规模	每年总的并购金额/年初总资产×100%
NBTZ	自行投资规模	(支付的构建固定资产、无形资产等的现金-出售固定资产、无形资产等收回的净现金-当年折旧额)/年初总资产×100%,剔除负值
EXPAND	扩张方式	同时采取并购和自行投资方式取1,只采取自行投资取0
MADNBTZ	并购是否大于自行投资哑变量	并购金额大于自行投资金额取1,否则取0
CONTROL	实际控制人类别	国有股东取0,否则取1
DIRMEET	董事会活跃度	年度内董事会会议次数
DUAL	二职合一情况	董事长与总经理职务重合取1,否则为0
DIRSIZE	董事会规模	董事会人数
DDSIZE	独立董事规模	独立董事人数/董事会总人数
GGHOLD	高管持股比例	所有高管持有的股票数/公司总股数
HHI	股权集中度	前五大股东持股比例的平方和×10 000
GROW	成长性	(上年主营业务收入-前年主营业务收入)/上年初总资产
WXZC	资产属性	无形资产/总资产
JT	母公司是否是集团公司	上市公司的母公司是集团公司取1,否则取0

（续表）

变量符号	变量名称	变量定义
Tobin's Q	企业投资机会	（年初流通股数价值+年初未流通股数账面价值+负债的账面价值）/年初总资产账面价值
CASH	现金	年初货币资金/年初总资产
DEBT	负债比例	年初负债总额/年初总资产
SIZE	企业规模	企业年初总资产的自然对数
IND	行业	根据我国证监会划分的13个行业，去除金融业后，以农业为基准，设置11个行业哑变量
YEAR	年度	以1998年为基准，从1999—2006年设置8个哑变量

第四节　中国上市公司投资行为的描述性统计

我们首先区分了年度和行业，对样本公司在1998—2006年的总投资情况进行了考察，结果如表1-2和表1-3所示。

表1-2　总投资分年度的扩张情况描述统计　　　　单位：%

年度	均值	中位数	标准差
1998	6.68	4.10	7.94
1999	5.75	3.74	6.19
2000	6.35	4.09	7.61
2001	7.57	5.04	8.71
2002	6.65	4.43	7.04
2003	7.24	4.62	9.16
2004	6.77	4.52	7.07
2005	6.53	4.17	7.34
2006	6.86	4.19	10.65
总体	6.77	4.32	8.19

从表1-2来看，我国上市公司每年的投资（含并购和自行投资）占总资产比重的均值一直比较稳定，在6%、7%左右，保持着长期增长势头。1998—2006年研究区间内，全部样本投资水平的均值为6.77%。

表 1-3 总投资分行业的扩张情况描述统计   单位:%

行业	均值	中位数	标准差
农、林、牧、渔业	7.11	5.45	6.62
采掘业	8.04	5.89	7.13
制造业	6.90	4.68	7.64
电力、煤气及水的生产和供应业	8.93	6.19	11.16
建筑业	6.03	3.79	6.89
交通运输、仓储业	10.96	6.97	13.71
信息技术业	5.11	3.22	6.51
批发和零售贸易	5.37	3.17	7.39
房地产业	3.12	0.77	6.12
社会服务业	8.92	6.04	10.61
传播与文化产业	7.50	3.75	10.78
综合类	5.32	3.01	6.99
总体	6.77	4.32	8.19

从表 1-3 分行业的情况来看,各行业投资水平存在一定的差异性。交通运输和仓储业的投资水平最高,这可能与我国在大力发展交通运输事业有关。电力、煤气及水的生产和供应业、社会服务业以及采掘业的投资水平也比较高,我们认为这是可理解的:这些行业都带有一定的垄断色彩,一方面受到国家政策的关照,另一方面,我国经济进入新的发展阶段,服务业等第三产业以及能源产业的发展机会更好。房地产业的投资水平最低,这与该行业的特点也是相关的。难以理解的是信息技术业的投资水平也很低,仅为 5.11%。一般认为,信息技术行业为新兴行业,投资机会较其他行业多一些,从而投资水平也会更高。当然,这也许与我国企业的融资环境有关。新兴行业的短期盈利水平一般比较低,这样在融资上将受到很大的限制,无论是股权融资还是债务融资,没有好的业绩支撑,在我国是很难的。

我们进一步对研究样本区分了行业和年度,对我国上市公司的投资方式进行了考察。表 1-4 报告了样本公司分行业的投资方式。自行投资变量来自总样本,而并购变量来自并购子样本(即实施了并购的样本),这是因为如果采用总样本的数据,就不能反映并购金额的实际分布情况。我们根据中国证监会 2001 年发布的上市公司行业指引将行业分为十二类(剔除了金融类公司)。

表 1-4　分行业的投资情况描述性统计

行业	总样本				并购子样本			
	观测值	自行投资规模（%）			观测值	并购规模（%）		
		均值	中位数	标准差		均值	中位数	标准差
农、林、牧、渔业	176	6.95	5.39	6.55	33	2.07	1.08	2.33
采掘业	101	8.01	5.89	7.15	5	1.09	1.04	1.32
制造业	3 824	6.80	4.62	7.59	547	1.72	0.74	2.32
电力、煤气及水的生产和供应业	245	8.73	6.11	11.10	54	1.74	0.97	2.24
建筑业	118	5.73	3.55	6.70	34	1.77	0.77	1.98
交通运输、仓储业	261	10.90	6.63	3.67	35	1.67	0.72	2.07
信息技术业	369	5.03	3.18	6.42	68	2.13	0.96	2.60
批发和零售贸易	496	5.24	3.10	7.29	113	2.01	1.01	2.50
房地产业	237	3.05	0.74	6.08	69	1.91	0.79	2.42
社会服务业	242	8.65	5.82	10.55	58	2.17	1.06	2.61
传播与文化产业	57	7.20	3.75	10.28	14	2.31	1.00	3.08
综合类	447	5.18	2.88	6.85	100	2.48	1.61	2.54
总体	6 573	6.64	4.26	8.12	1 130	1.63	1.00	1.16

　　从表 1-4 我们可以看出，企业投资情况在不同行业之间差异较大，例如，自行投资均值最高的是交通运输、仓储业的 10.9%，最低的是房地产业，其均值为 3.05%；同时，我们可以发现，上市公司并购金额的均值和中位数分别为 1.63% 和 1%，并购规模明显要小于自行投资规模，说明我国上市公司主要以自行投资作为主要的投资手段。

　　表 1-5 报告了分年度的投资情况的描述统计，可以看出不同年度的上市公司投资规模也存在较大的差异。而且，与表 1-4 相同的是，我国上市公司自行投资的规模远远大于并购的规模，即上市公司主要是以自行投资方式进行扩张的。这与 Caves 和 Mehra(1986) 以及 Andersen(1997) 的研究结论是一致的。他们认为，当市场机会较多时，比较适合采用自行投资方式，而当市场已趋于饱和时，并购则是更好的选择。众所周知，我国 GDP 长期保持高水平增长，而且我国具有新兴市场和转轨经济特征，企业面临的市场机会较多，因此，比较适合选择自行投资这一方式。

表1-5 分年度的投资方式描述统计

年度	总样本				并购子样本			
	观测值	自行投资规模(%)			观测值	并购规模(%)		
		均值	中位数	标准差		均值	中位数	标准差
1998	453	6.49	3.99	7.82	81	2.29	1.09	2.75
1999	481	5.66	3.72	6.09	81	2.34	1.06	3.03
2000	587	6.23	4.01	7.51	94	2.12	1.22	2.48
2001	755	7.43	4.96	8.62	122	2.01	0.95	2.59
2002	779	6.50	4.32	6.88	176	2.02	1.02	2.46
2003	859	7.11	4.46	9.12	147	2.05	1.05	2.22
2004	876	6.66	4.47	6.98	102	2.24	1.18	2.61
2005	918	6.40	4.08	7.28	202	1.34	0.60	1.97
2006	865	6.78	4.08	10.64	125	1.33	0.65	1.77
总体	6 573	6.64	4.26	8.12	1 130	1.63	1.00	1.16

第五节 上市公司投资方式选择的影响因素

为了检验企业投资的两种方式之间的关系,我们首先以上述研究样本,对研究区间内影响我国上市公司投资方式的因素进行了考察。

从我国上市公司的扩张方式来看,有的企业只选择了自行投资方式,而有的企业则同时选择了自行投资和并购。那么,是哪些因素影响了企业的这种投资方式的选择?我们首先对这一问题进行了研究。

我们分别以并购、自行投资两个方面的变量作为被解释变量,以公司治理变量、公司特征、所在行业、年度等变量作为解释变量进行了回归分析,从而形成了三个模型,其中模型1的被解释变量为并购金额;模型2为自行投资变量;模型3为是否并购哑变量。模型1和模型2采用的是OLS回归模型,模型3采用的是Logit回归模型。

另外,需要说明的是,企业往往根据以往的情况做出决策,即企业投资以及投资方式的选择更可能受到各变量上期值的影响,因此,在对各模型进行回归中,我们对解释变量取上期值。回归结果如表1-6所示。

表1-6 企业投资规模及方式选择的影响因素

	模型1 (被解释变量： 并购规模)		模型2 (被解释变量： 自行投资)		模型3 (被解释变量： 是否并购哑变量)	
	系数	t	系数	t	系数	wald
截距项	-0.418	-1.338	6.011	1.928**	-9.184	75.723***
CONTROL	0.127	4.774***	0.645	2.458**	0.52	38.815***
DIRMEET	0.026	7.34***	0.09	2.519**	0.112	126.141***
DUAL	-0.02	-0.559	0.267	0.764	0.036	0.092
DIRSIZE	-0.004	-0.751	0.048	1.031	-0.001	0.008
DDSIZE	0.099	0.613	1.057	0.681	0.293	0.318
GGHOLD	0.061	0.183	1.388	0.469	0.518	0.293
HHI	0.006	2.482**	0.018	0.795	0.013	3.312*
Tobin's Q	-0.013	-0.611	0.402	1.845*	-0.015	0.037
GROW	0.003	1.566	-0.031	-1.275	0.005	1.13
CASH	0.404	3.733***	2.228	2.079**	1.318	14.591***
WXZC	0.088	0.434	3.258	1.656*	0.908	2.038
JT	-0.003	-0.124	0.279	1.061	-0.139	2.551*
DEBT	-0.012	-0.456	0.446	1.641*	0.024	0.053
ROE	0.002	1.388	0.04	2.304**	0.012	3.57*
SIZE	0.028	2.091**	-0.178	-1.355	0.308	49.326***
IND	控制		控制		控制	
YEAR	控制		控制		控制	
F	5.812***		F	6.949***	CHI2	370.566***
Adj-R^2	0.02		Adj-R^2	0.036	R^2	0.044

注：*、**、***分别表示在10%、5%、1%水平显著。

从表1-6我们可以看出，公司控制人类型与公司投资之间存在显著的正相关关系，说明控股方为非国有控制人类别的上市公司在内部投资以及外部投资方面要显著高于国有控制人类别的上市公司。董事会活跃程度变量与内部投资以及外部投资之间的关系也是显著为正。企业的现金流与企业的内部投资、并购之间存在着显著的正相关关系，这在一定程度上也验证了Jensen(1986)所提出的"自由现金流假说"。

表1-6的结果还表明，企业规模对并购的规模产生了显著的影响，公司规模越大，公司并购的规模越大，但是，公司规模对自行投资的影响并不显著；股权集中度与并购规模正相关，股权集中度越高，公司并购的规模越大，但其对自行投资的影响不显著。同时，企业的绩效、投资机会、负债率、无形资产占比与自行投资之间呈显著的正相关关系，企业的绩效越好、投资机会越多、负债率越高、无形资产越多，企业的内部投资规模越大，但是，

以上四个因素对企业并购的影响并不显著。

就企业的投资方式选择而言,公司的实际控制人类别(CONTROL)、董事会活跃度(DIRMEET)、股权集中度(HHI)、现金(CASH)和企业规模(SIZE)变量的回归系数显著为正,而母公司是否是集团公司(JT)变量的回归系数显著为负。上述结果表明,同时选择自行投资和外部投资方式的企业具有如下一些特征:非国有企业、董事会较活跃、股权较集中、现金较多、不存在集团母公司以及企业规模较大。

第六节 并购与自行投资:是替代,还是互补

我们在前面研究了影响自行投资和并购投资的因素,但没有研究这两种投资方式之间的关系,即它们之间是替代还是互补关系。我们已经知道,有许多企业同时采取了这两种投资方式,这就为我们研究它们之间的关系提供了契机。因此,我们将研究样本缩小为那些同时采取了自行投资和并购投资方式的企业。如果对于这些企业来说,这两种投资方式之间是此消彼长的关系,则说明它们之间是替代的;反之,如果它们之间是同时增加或减少的,则说明它们之间是互补的。

我们首先进行了分组检验,方法是按均值将并购金额分为两组,高组为1,表示并购规模较大;低组为0,表示并购规模较小,然后对这两组内的自行投资进行了 t 检验和 Wilcoxon 检验,结果如表1-7所示。

表 1-7 并购与自行投资关系的分组检验

	MA	观测值	均值	中位数	t 检验	Wilcoxon 检验
NBTZ	1	140	9.485	7.92		
	0	536	7.207	4.902	-3.472***	-6.043***

注:*、**、*** 分别表示在10%、5%、1%水平显著。

从表1-7的分组检验结果来看,并购规模大的企业,其自行投资规模也大,表现为高组的均值和中位数都大于低组,而且两类检验也都在1%水平显著。这一结果初步表明,自行投资和并购之间是一种互补关系。

我们以自行投资(NBTZ)作为被解释变量,以并购(MA)作为解释变量,控制了其他一些影响因素后,进行了 OLS 回归分析。检验结果如表1-8所示。

表1-8 企业扩张方式之间的关系

	系数	t
截距项	12.062	1.28
MA	0.862	4.86***
CONTROL	1.541	2.3**
DIRMEET	0.121	1.51
DUAL	0.252	0.27
DIRSIZE	0.346	2.8***
DDSIZE	6.301	1.38
GGHOLD	-0.001	-0.13
HHI	-0.045	-0.72
GROW	0.37	0.86
CASH	-1.863	-0.61
WXZC	-1.286	-0.25
JT	0.277	0.42
Tobin's Q	-0.607	-0.88
DEBT	2.738	3.53***
SIZE	-0.619	-1.62*
IND	控制	
YEAR	控制	
观测值	547	
F	3.32***	
Adj-R^2	0.126	

注:***、**、*分别表示在1%、5%、10%水平显著。

通过表1-8我们可以看出,MA的回归系数显著为正,这和前面的分组检验结果一致,说明在控制了其他一些因素后,自行投资和并购之间仍然是显著的正相关关系,从而表明我国上市公司的两种投资方式之间的确存在着一种互补关系。

第七节 进一步分析:投资偏好的影响因素

本章前面的实证研究结果表明,我国上市公司的两种投资方式之间存在着互补关系,即企业在投资实现扩张过程中,将同时采用内部扩张和外部扩张方式。虽然如此,不同的企业在上述两种扩张方式之间可能也会存在偏好,有的企业更偏好并购,从而并购规模要大于内部扩张规模,而有的则可能相反,从而并购规模要小于内部扩张规模。我们进一步需要研究的是,到底有哪些因素影响了企业的这种选择或偏好?针对这一问题,我们进行了进一步的研究。

我们以企业并购金额是否大于自行投资(MADNBTZ)作为被解释变量,以前面设置的公司治理以及企业特征变量作为解释变量,进行了 Logit 回归分析,结果如表 1-9 所示。

表 1-9 企业扩张方式规模的影响因素

	系数	Wald
截距项	3.079	1.430
CONTROL	0.115	2.716*
DIRMEET	0.024	4.283**
DUAL	−0.025	1.230
DIRSIZE	0.010	0.290
DDSIZE	0.239	0.210
GGHOLD	−0.002	0.670
HHI	0	0.030
Tobin's Q	−0.119	0.780
GROW	0.115	4.678**
CASH	1.275	2.579*
WXZC	−3.965	10.181***
JT	0.348	4.187**
DEBT	−0.612	1.460
SIZE	0.076	1.987*
IND		控制
YEAR		控制
观测值		547
CHI2		59.72***
Pseudo-R^2		0.05

注:***、**、*分别表示在1%、5%、10%水平显著。

表 1-9 的实证检验结果表明,实际控制人、董事会的活跃度、企业成长性、现金、母公司是否是集团公司、企业规模的系数显著为正,而无形资产回归系数显著为负,这表明并购规模大于自行投资规模的上市公司具有如下特征:非国有企业、董事会较活跃、成长性好、现金较多、有集团母公司、规模大、无形资产规模小。具有以上特征的上市公司的投资方式更加激进。

第八节 研究结论

　　企业普遍存在扩张冲动,处于转轨经济和新兴市场背景下的中国企业尤其如此。企业扩张既可以通过内部投资方式,也可以通过并购这一外部投资方式。对中国上市公司而言,它们究竟偏好哪种方式进行投资以实现扩张目标?是并购还是自行投资?哪些因素影响了企业投资方式的选择?这些问题是产业组织理论、企业理论、公司财务理论共同关心的问题。

　　以我国沪深股市1998—2006年的A股上市公司为研究对象,我们对我国企业两种投资方式之间的关系、投资方式选择及其影响因素进行了研究探讨。研究表明,我国上市公司主要以自行投资作为主要的投资方式;进一步的研究结果表明,实际控制人类别、董事会活跃度、股权集中度、现金、企业规模和是否有集团形式的母公司等因素显著地影响了企业投资方式的选择;企业的两种投资方式之间存在着显著的互补关系;实际控制人类别、董事会活跃度、成长性、现金、是否有集团形式的母公司、企业规模、无形资产规模等因素的差异造成了这两种投资方式在规模上的差异。

　　本研究对于丰富公司财务理论、产业组织理论、公司战略以及企业理论等领域共同涉及的企业行为理论尤其是投资理论具有较大的理论意义,同时,在中国,本研究具有较强的现实价值和政策含义,为我们更好地理解企业投资行为,对于企业进行科学决策、健康顺利发展具有一定的启示意义;另外,对政策制定部门为企业发展提供更好的制度保障也具有一定的借鉴意义。

　　本章只对我国企业投资的方式及其影响因素进行了一定的研究,企业投资的经济后果是什么,对企业绩效以及企业风险产生了什么影响,在所有权和经营权分离、管理者拥有公司资源配置权的情况下,管理者的特征对企业的投资有什么影响……这些问题将在下面的章节中进行一定的研究探讨。

第二章

上市公司投资行为：
管理者背景特征视角

第一节 引 言

现代企业的典型特征是所有权和控制权两权分离,不持有或较少持有公司股份的管理者控制着企业的资源配置权。因此,在企业投资决策过程中,管理者有可能从其自身利益出发,选择有利于自己而并非有益于股东的投资项目,或发动可能有损于企业价值的并购活动(Jensen 和 Meckling,1976)。Jensen(1986)进一步指出,当企业存在着大量的自由现金流(free cash flow)时,企业的经理人员会为了谋取私利而将这些自由现金投资于非盈利项目,从而导致企业过度投资行为的发生。同时,Myers(1984)、Myers 和 Majluf(1984)从信息不对称角度对企业的过度投资问题进行了分析。他们认为,在企业外部投资者和内部管理者之间存在着有关企业现有资产价值或企业投资项目的预期现金流收益方面的信息不对称时,企业为实施投资项目所发行的融资证券有可能在资本市场上被投资者高估或低估,企业融资证券的高估或低估会导致企业投资决策中的过度投资行为的发生。长期以来,学者们对该领域一直保持着较强的研究兴趣,也产生了大量的研究成果(Kalay,1982；Lang 和 Litzenberger,1989；Lamont,1997；Ghose,2005；潘敏,2003；刘怀珍和欧阳令南,2004；魏明海和柳建华,2007,等等)。

但是,我们可以看出,该领域既有文献存在的一个主要问题是,它们忽略了管理者的异质性,而把管理者视为同质的。无疑,这与现实是不相符的。现实中的管理者由于工作经历、性别、教育专业背景、年龄以及信仰等各方面的差异,他们的行为选择具有较大的差异性。与此同时,相关研究也已表明,管理者的背景特征对公司行为产生一定的影响,如公司高管团队的工作背景与公司的国际化战略存在相关性(Lee 和 Park,2006);高管团队的年龄、任期以及教育与公司的创新活动存在着一定的联系(Camelo-Ordaz,et al.,2005;Bantel 和 Jackson,1989)。Dwyer、Richard 和 Chadwick(2003)还发现,管理层的性别与公司文化等具有一定的相关性。因此,研究管理者的过度投资行为,如果没有考虑到管理者的相关背景特征,可能就会影响到研究结论的有效性。

管理者所进行的投资决策往往是在不确定条件下所做出的。Kahneman(1986,1990,1993)的研究表明,在不确定条件下,人们的决策可能系统性地偏离按传统经济学理论所做出的预测。在基于调查与实验之上进行的一系列涉及面非常广的研究中,Kahneman 等学者对某些环境下人类活动的理性假定提出了质疑。他们发现,在现实生活中,决策者并不是按照概率法则评估不确定事件,而且并不总是按照"预期效应最优化"理论做出决策。因此,行为金融学家认为,投资者并非总是理性的,他们的投资决策受到他们个人信念与情绪等的影响。无疑,个人的信念与情绪等因素与个人的背景特征是密切相关的。Carlsson 和 Karlsson(1970)、Vroom 和 Pahl(1971)的研究表明,年龄大的管理者倾向于采取风险较少的决策;Bantel 和 Jackson(1989)认为,高管成员学历越高对公司的战略变化越有利,等等。这些研究表明,企业的行为往往受到管理者的背景特征的影响。不同的管理者由于家庭出身、学历、年龄、工作经历等背景的不同而具有不同的个人信念与情绪,而管理者的个人信念与情绪等特征对公司的投资行为产生了极大的影响。因此,本章从管理者的特征角度,研究了公司管理者的学历、年龄、工作经历等对公司过度投资行为的影响。

Hambrick(1994)认为,管理层团队特征比 CEO 的特征对组织绩效(organizational outcomes)的解释力更强。企业的高层管理团队(top management team)承担着制定和实施企业战略的使命,对企业绩效和组织发展至关重要。自 1984 年 Hambrick 和 Mason 提出"高层梯队理论"(Upper Echelons Theory)以来,很多研究者开始研究高层管理团队的背景特征与组织产出的关系。因此,我们以"高层梯队理论"为基础,对管理者特征对企业过度投资行为的影响进行了一定的研究。

"高层梯队理论"认为战略选择是一个非常复杂和含义广泛的决策,而复杂的决策是多种影响因素所导致的结果,它反映了决策者的特质。公司高管的特征影响了他们的决策,并进而影响他们领导的公司所采取的行动(Hambrick 和 Mason,1984)。该理论提出应重点研究高层管理团队的人口背景特征,包括年龄、团队的任期、职业背景、教育、性别、种族、社会经济基础和财务状况等,因为它们决定了管理者在管理工作中的偏好,而且因为人口背景特征比认知、价值观等容易测量,易于将高层梯队的理论应用于实证研究中。

依据"高层梯队理论",我们选用沪深两市 A 股上市公司 2003—2005 年的数据作为研究样本,从管理者年龄、学历、任期、团队规模、性别等方面,实证检验了管理者特征对企业过度投资的影响。我们首先对我国上市公司的整个管理层的团队特征与企业过度投资之间的关系进行了实证分析,然后单独对我国上市公司的主要负责人的背景特征与过度投资行为之间的关系进行了研究。在我国,上市公司的董事长更像发达国家的 CEO,因此,我们选择了公司董事长而不是总经理的背景特征进行研究。

另外,中国资本市场还存在着两类性质截然不同的控股股东,在公司治理以及公司的许多行为方面,两类性质的上市公司表现出显著的差异性,如徐莉萍、辛宇和陈工孟(2006)认为,中国国有控股上市公司更多地面临着管理层私利(managerial entrenchment)行为产生的风险,即国有控股上市公司和非国有控股上市公司在代理问题上存在着显著的差异。因此,我们区分了上市公司的性质,对国有控股和非国有控股上市公司的管理者特征与企业过度投资之间的关系进行了实证检验。

第二节 研究设计与思路

一、样本选择

本章的研究样本为我国沪深股市的全部上市公司,研究区间为 2003—2005 年。同时,我们依据以下标准对原始样本进行了筛选:(1) 由于此项研究需要 3 个年度的会计数据,同时为了避免公司上市初期在许多方面"粉饰"、"包装"等因素,我们选取了 2001 年 12 月 31 日前上市的公司作为样本;(2) 剔除 ST 类和 ST*类公司,因为这些公司或处于财务状况异常的情况,或者已连续亏损两年以上,若将其纳入研究样本将影响研究结论的可靠性和一致性;(3) 剔除金融类上市公司;(4) 剔除研究区间董事长发生变更的上市公司。

经过筛选,最后用于研究的公司样本总量为 477 家,三年共 1 431 个观测值,其中实际控制方为国有的 1 054 个,非国有的 377 个。

我们使用的数据全部来源于上海证券交易所、深圳证券交易所、国泰安数据库、金融界网站(www.jrj.com.cn)和新浪网财经频道(http://finance.sina.com.cn)。

二、变量界定

（一）管理层的界定

虽然在已有的研究中,企业管理层或者说高层管理团队是反复出现的一个概念,但到目前为止,学者们对其组成还没有一个统一的认识,往往根据研究的需要来进行定义,所以各自研究中所包含的管理层的内容也不尽相同。

鉴于数据取得的可行性和以往定义的范畴,我们结合各上市公司年报中披露的公司高层管理者信息,对公司的管理层进行了界定。我们所指的管理层具体包括:担任管理职位的董事会成员、监事会成员、总经理、总裁、常务(或第一)副总经理、常务(或第一)副总裁、财务总监(或财务负责人)、技术总监、总工程师、总经济师、总农艺师、董事会秘书、党委书记等高级管理人员。

（二）管理层的背景特征

根据国内外学者已有的相关研究,管理者背景特征主要包括以下几个方面:

1. 教育背景和工作经历

Dearborn 和 Simon(1958)在一次案例讨论中发现,虽然要求一组来自不同职能背景的管理者从公司整体视角分析和处理一个问题,但这些管理者仍然是从自己的职能领域来分析这个问题。Harhoff(1999)对德国企业的高管团队的特征、创新策略和绩效之间的关系进行研究后发现,高管团队成员的工作经历与企业销售增长率及劳动生产率之间存在着显著的正相关性。Jensen 和 Zajac(2004)基于财富 500 强的研究发现,具有财务背景的 CEO 更倾向于多元化经营。

关于高层管理成员的教育背景对其绩效影响的研究主要集中在两个方面:学历和专业背景。

一般认为,高层管理人员的学历与企业绩效正相关。Hambrick 和 Mason(1984)提出的高管团队学历水平与创新正相关。Kimberly 和 Evanisko(1981)、Bantel 和 Jackson(1989)的研究表明,高管成员学历越高,其对公司的战略变化越有利,两者之间存在正相关关系。高层管理人员的受教育程度对绩效会有影响,教育可以影响人的认知方式和价值观等,而认知方式与价值观又对人的思维方式、行为方式等产生影响。同时,有关社会关系交往的研究发现,关系主体的学历越高,其社会交往参与度越高,交往对象的层次也越高(胡荣,2003)。进一步地,Hambrick(1996)研究认为,不管是在市场份额还是利润方面,管理层的受教育程度与组织绩效正相关。

同时,管理层的教育专业化差异性及科学与工程方面的学术专业化和组织战略变化正相关,这意味着拥有这样的高管人员的组织在变换的环境中,可能有较强的适应能力。Wiersema 和 Bantel(1992)认为,由于科学和工程领域更关注流程、创新和持续改进,因此,具有科学、工程专业背景的高层管理者更能接受战略的改变,科学、工程专业背景成员多的高管团队更愿意采取产品多元化的战略。李华晶和张玉利(2006)发现,具有创新性的企业家或战略决策者往往具有科研人员和技术专家的特征。

总体来说,已有研究似乎无一例外地表明,管理层的受教育程度与团队或组织的绩效和战略决策正相关。

2. 团队年龄特征

企业家的年龄代表着企业家的阅历和风险倾向,进而影响企业家的战略观点和战略选择(陈传明、孙俊华,2008)。随着年龄的增长,企业家的部分认知能力会下降,知识结构会老化,企业家的变通能力降低,而对改变的抵制倾向增加,并且在做出决策时的信心开始下降。因此,年龄大的管理者倾向于采取风险较小的决策,行为更保守(Carlsson 和 Karlsson,1970;Vroom 和 Pahl,1971;Hambrick 和 Mason,1984;Bantel 和 Jackson,1989;Wiersema 和 Bantel,1992)。因此,平均年龄较大的高层管理团队较少进行战略变革。相对而言,年轻的经理们具有更强的适应能力、创新精神,企业战略更容易发生改变。例如,Tihanyi 和 Ellstrand(2000)等研究表明,平均年龄低的高层管理团队对于在复杂的环境下管理企业自信心更强,更愿意推进企业的国际多元化经营。同时,由于年长的企业家精力可能更少,更难掌握新的观点,更难学习新的知识。尽管年长的企业家试图寻找更多的信息、更准确地评价信息、花更多时间进行决策,但企业家的年龄与整合信息的能力、决策的信心存在着负相关关系(Taylor,1975)。

3. 团队任期

管理团队的任期可能会影响到各成员之间的交流和相互了解。团队任期如果较长,通过各种正式和非正式交往,团队内成员的相互理解逐步加深,就可以缩短必要的信息收集时间,再加上成员间充分的信息交流,从而可以极大提升战略决策的正确性。同时,团队任期很长也会产生负面影响。如果团队的任期较长,团队成员之间彼此相互了解,可能就会在决策过程中或者相互推诿扯皮,或者彼此关照,并且较长的任期使得团队成员更加认可以前的做法,更难接受新事物和新变化,从而导致决策的低效。Bantel 和 Jackson(1993)认为组织任期越长的管理者更加认同组织的现状、文化和规范。因此,一般认为,高层管理团队的平均任期越长,企业战略越难以改变。Boeker(1997)的研究表明,团队的任期与企业战略改变负相关。

4. 团队规模

团队规模是指高层管理团队成员的多少,是一个关键的团队人口背景特征。对于团队规模的影响,有两种不同的观点,而且都得到了实证研究结果的支持。

第一种观点认为,大团队比小团队拥有更多的解决问题的资源和更高的能力,从而提高了企业绩效。Hill(1982)、Jackson(1992)以及 Shull、Delbecq 和 Cummings(1970)的研究都支持这一观点。

第二种观点认为,大团队在获得较多的能力和资源的同时,也存在团队内如何实现顺畅的交流和成员间如何良好合作的问题。Smith、Olian 和 Sims(1994)研究认为,人员增多,团队内就容易出现多样的有时甚至是冲突的情感、观点和个人目标,以及团队内成员间的情绪冲突增加,这一般被认为是损害了团队的绩效。他们研究了高层管理团队的规模、团队社会整合与企业绩效的关系,结果表明,团体规模越大,团队内成员的非正式交流越少,团队的社会整合程度低,损害了企业绩效。

5. 跨文化情景

在探讨其他有可能影响人口特征与企业绩效之间关系的变量时,最容易想到的是民族文化差异。因此,Wiersema 和 Bird(1993)建立了跨文化情景模型,他们率先将高管团队人口特征与企业绩效关系的研究拓展到美国以外的企业。他们认为,人口特征影响到个人的社会化过程,进而会影响组织的产出。不同文化背景下,个体对人口特征差异心理冲击的感知是不一样的。在以集体主义为主的东方文化中,个体可能对团队异质性的忍耐程度比较低。

根据数据的可获得性以及研究目的,我们选取的管理层变量包括管理层规模、学历、性别、年龄和任职时间五个方面;同时,进一步考虑了我国上市公司董事长的特殊性,从教育专业、工作经历、学历、性别、年龄和任职时间六个方面,考察董事长的背景特征对过度投资的影响。

管理者特征的具体描述和定义如表 2-1 所示。

表 2-1 管理者特征变量定义

变量符号	变量名称	变量定义
		管理层的背景特征变量
GSIZE	管理层规模	年报当中披露的管理人员个数
GDEGRE	管理层学历	指平均学历水平,中专及以下为 1,大专为 2,本科为 3,硕士为 4,博士为 5
GGEND	管理层性别	管理者男性为 1,女性为 0,每年的数据由公司所有管理层的数据平均取得
GAGE	管理层年龄	管理层的平均年龄,0 表示 30 岁及以下,1 表示 30—40 岁(含 40 岁),2 表示 40—50 岁(含 50 岁),3 表示 50—60 岁(含 60 岁),4 表示 60 岁以上,每年的数据由公司所有管理层的数据平均取得。
GTIME	管理层任职时间	管理者担任现在职位的平均任职时间
		董事长个人的背景特征变量
DEDU	董事长教育专业	如果所学专业是金融、会计或经济管理类则为 1,否则为 0
DJOB	董事长工作经历	如果之前从事的工作是金融、会计或经济管理类的,则为 1,否则为 0
DDEGRE	董事长学历	中专及以下为 1,大专为 2,本科为 3,研究生为 4,硕士为 5,博士为 6
DGEND	董事长性别	董事长男性为 1,女性为 0
DAGE	董事长年龄	董事长实际年龄,0 表示 30 岁及以下,1 表示 30—40 岁(含 40 岁),2 表示 40—50 岁(含 50 岁),3 表示 50—60 岁(含 60 岁),4 表示 60 岁以上
DTIME	董事长任职时间	在本公司担任现职的时间

(三)公司过度投资指标

过度投资是指企业将资金投资于净现值(NPV)为负的项目(Jensen,1986)。我们采用 Richardson(2006)对过度投资的计算方法。在我国,学者们在研究中一般也采用该方法,如杨华军、胡奕明(2007),魏明海、柳建华(2007),等等。为计量过度投资,我们首先计量企业的总投资。总投资界定为企业全部的资本支出,加上企业进行现金收购的支出,扣除企业出售资产的收入后的金额。具体的计算公式如下:

$$I_{TOTAL,t} = CAPEX_{,t} + ACQUISITIONS_{,t} - SalePPE_{,t}$$

其中,$CAPEX_{,t}$是企业的资本支出,$ACQUISITIONS_{,t}$是企业进行现金收购的支出,$SalePPE_{,t}$是企业出售资产的收入。

总投资又可以分解成两个组成部分:(1)维持资产在原有状态下的投资花费,即$I_{MAINTENANCE}$;(2)投资在新方案上的支出,即$I_{NEW,t}$。$I_{MAINTENANCE}$指折旧与摊销支出,折旧与摊销是维持机器、设备及其他经营性资产正常运营的总的必要的投资花费的估计。$I_{NEW,t}$可以分解为投资在一个新的正的NPV项目上的预期的花费$I^*_{NEW,t}$和额外的投资$I^\varepsilon_{NEW,t}$($I^\varepsilon_{NEW,t}$即为过度投资支出)。总投资$I_{TOTAL,t}$可以表示为:

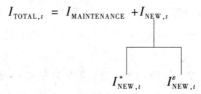

$I_{NEW,t}$可以采用投资期望模型计算得出,

$$I_{NEW,t} = \alpha + \beta VP_{t-1} + \Phi Z_{t-1} + I^\varepsilon_{NEW,t}$$

上式中,VP为公司增长机会的度量指标,我们采用销售收入增长率来表示;Z为投资花费的其他的决定因素,包括财务杠杆、公司规模、上市年限、年初货币资金(用总资产平减)、年度股票回报率、前期投资水平、年度固定效应和行业固定效应。投资期望模型得出的预期投资水平是理想的投资水平$I^*_{NEW,t}$,残差项即是过度投资$I^\varepsilon_{NEW,t}$。

(四)控制变量

根据本领域学者已有的研究结果,我们选取公司规模、资产负债率、公司的投资机会、股权集中度以及行业和年度作为控制变量。

资产负债率(DEBT):Jensen和Meckling(1976)认为,企业采用负债方式进行融资,既可提高企业财务杠杆效用,又可降低管理者与股东间利益的冲突问题。负债的运用及其比例的提高将有利于减少企业的闲置资金,抑制经理人因企业闲置资金过多而进行有利于自身利益的过度投资和在职消费行为。因此,我们选取了资产负债率作为控制变量,用公司年末报表披露的债务账面总价值与资产账面总价值之比来表示。

企业规模(SIZE):企业规模影响到企业可动用的资源,从而影响到企业投资规模(Fazzari、Hubbard 和 Petersen,1988;Hubbard,1998;等等)。同时,扩张冲动是企业家精神的重要体现,在企业规模较小时,企业可能更具有强烈的动机去扩张规模。在中国,"做大做强"是许多企业家的口头禅,甚至出现在公司章程中。因此,我们控制了该因素对过度投资的可能影响,用公司年末报表披露的总资产账面价值的自然对数表示公司规模。

企业投资机会(GROWTH):投资机会是影响公司投资支出的一个重要因素。企业面临的投资机会越多,企业的投资水平可能也就越高。Malmendier 和 Tate(2005)等学者的研究表明,投资机会越多,企业越有可能进行投资。因此,我们控制了投资机会这一可能影响企业过度投资的因素,用成长性表示企业的投资机会[1],其值用企业主营业务收入增长率来表示。

股权集中度(CENT):股权集中度反映了公司各大股东之间的制衡情况。Grossman 和 Hart(1980)的研究表明,股权结构分散条件下,单个股东缺乏监督公司经营管理、积极参与公司治理和驱动公司价值增长的激励。Shleifer 和 Vishny(1986)指出,一定的股权集中度是必要的,因为大股东具有限制管理层以股东利益为代价、谋取自身利益行为的经济激励和能力,可以更有效地监督经理层的行为,有助于降低经理层的代理成本。而Laporta(1999)等人则认为,控股股东的利益和外部小股东的利益常常并不一致,两者之间存在着严重的利益冲突。在缺乏外部控制威胁,或者外部股东类型比较多元化的情况下,控股股东有可能以牺牲其他股东的利益为代价来追求自身利益。因此,股权分散型公司的绩效和市场价值要优于股权集中型公司。基于中国上市公司的实证研究,白重恩等(2005)、陈信元和汪辉(2004)等发现,股权制衡对公司价值有正向影响。我们用 Z 值表示股权集中度。Z 值是指第一大股东和第二大股东(或第一大股东和第二至第 n 位大股东)的持股比例的比值。实际上,它是反映第一大股东受到第二大股东(或第二至第 n 位大股东)制衡状况的指标。Z 值越小,第一大股东的控股程度就越小,第一大股东受到其他大股东的制衡力度就越强。我们以第一大股东和第二大股东的持股比例的比值来衡量股权集中度。

董事会结构(DDSIZE):出于个人声誉以及个人学识,独立董事在公司决策中起到一定的积极作用。Hermalin 和 Weisbach(2003)对相关实证研究所做的综述表明,在 CEO 更换、敌意收购、毒丸策略和 CEO 薪酬制定等

---

[1] 另外,许多学者在研究中将 Tobin's Q 作为企业投资机会的替代指标。在研究中,我们也采用了 Tobin's Q 作为企业投资机会的替代变量,但这并没有对研究结论产生影响。

各方面的决策行为上,独立董事比例越高,董事会的决策行为越有利于公司的发展。基于中国上市公司的研究,何卫东(2003)的研究表明,上市公司独立董事在决策参与方面发挥着重要作用。我们预期,上市公司中独立董事的比例越高,公司的过度投资行为可能越小。该变量用独立董事人数占董事会总人数的比例衡量。

管理者持股(GSHARE):相关研究表明,经理人员持股有利于将经理人员的利益与股东利益紧密地联系在一起,可以有效地防止经理人员的道德风险,激励经理人员努力工作以实现股东价值最大化目标(Jensen 和 Murphy,1990)。经理人持股作为一种长效激励机制,与工资、奖金、福利等激励方式一起,成为西方发达国家经理人薪酬的重要组成部分。近年来,我国上市公司对经理人持股的探索也进入加速发展阶段。在管理者持股的情况下,管理者的行为可能更趋谨慎。我们采用了管理者持股的绝对数量来替代这一变量。

企业的盈利能力(ROA):企业的盈利能力越高,效益越好,就会为企业进行投资提供一定的资本支持;同时,为了扩大生产能力、占领更大的市场,企业可能进行大量的投资。我们以总资产收益率来替代企业的盈利能力。

我们同时还控制了行业和年度的影响。在行业划分上,我们根据证监会公布的 13 个大类,并剔除金融业,设置虚拟变量,属于该行业赋值为 1,否则为 0。

三、模型建立

根据以上部分的讨论,为了研究管理层整体背景特征对企业过度投资的影响,我们建立了模型 1:

$$OVERINVEST_i = \beta_0 + \beta_1 GSIZE + \beta_2 GTIME + \beta_3 GDEGRE + \beta_4 GGEND + \beta_5 GAGE + CONTROLVARABLES_i + \varepsilon \quad (1)$$

为了探讨董事长背景特征对企业过度投资的影响,我们建立了模型 2:

$$OVERINVEST_i = \beta_0 + \beta_1 DEDU + \beta_2 DJOB + \beta_3 DTIME + \beta_4 DDEGRE + \beta_5 DGEND + \beta_6 DAGE + CONTROLVARABLES_i + \varepsilon \quad (2)$$

需要说明的是,在研究过程中,我们首先将各特征变量单独进行回归,最后再将全部变量放在一个模型中进行回归。

第三节 中国上市公司管理者的背景特征

利用以上所确定的研究样本,我们分别对研究区间内中国上市公司的管理层背景特征和董事长背景特征做描述性统计分析,以揭示中国上市公司的管理者背景特征情况。

一、中国上市公司管理层背景特征

我们首先对全部样本公司的管理层背景特征进行了考察,接着根据公司控制人的性质将全部样本分为国有控股和非国有控股两个子样本,分别对管理层的特征进行考察,所得结果如表2-2所示。

表2-2 中国上市公司管理层特征的描述统计

变量	观测值	均值	中位数	最大值	最小值	标准差
Panel A 全样本						
GSIZE	1 431	17.958	17.000	38.000	8.000	3.826
GGEND	1 431	0.860	0.857	1.000	0.444	0.097
GTIME	1 431	2.596	2.700	6.316	0	0.965
GDEGRE	1 431	3.047	3.050	4.111	2.000	0.335
GAGE	1 431	2.071	2.083	3.063	1.077	0.327
Panel B 国有控股样本						
GSIZE	1 054	18.554	18.000	38.000	8.000	3.878
GGEND	1 054	0.865	0.785	6.316	0	0.988
GTIME	1 054	2.631	2.735	1.000	0.444	0.097
GDEGRE	1 054	3.048	3.055	4.111	2.000	0.331
GAGE	1 054	2.131	2.143	3.063	1.222	0.308
Panel C 非国有控股样本						
GSIZE	377	16.292	16.000	26.000	10.000	3.126
GGEND	377	0.845	0.857	1.000	0.571	0.097
GTIME	377	2.499	2.600	6.083	0.923	0.891
GDEGRE	377	3.046	3.000	4.053	2.067	0.346
GAGE	377	1.904	1.913	2.765	1.077	0.322

从表2-2的Panel A可以看出,全部样本公司的管理层背景特征的基本状况是:管理层规模平均是18人左右;大约86%是男性;平均任职年限不到3年;管理层的平均学历是本科水平;平均年龄是在40—50岁的年龄段,具体对应在41岁左右。

由表 2-2 的 Panel B 和 Panel C 的比较可知,在管理层规模方面,国有控股企业比非国有控股企业要大,平均多两个人;在男女性别比例上,国有控股企业男性比例比非国有控股企业要略高一些,多了 2%;在管理层平均任职时间上,国有控股企业比非国有控股企业也要略长,管理层更稳定一些,平均值多 0.123 年;在年龄特征上,国有控股企业的管理者更年长一些,其年龄平均值为 2.131,根据前面的定义是在 40—50 岁的年龄段,具体可以对应在 41、42 岁;非国有控股企业管理层更年轻化,其年龄平均值为 1.904,在 30—40 岁的年龄段,具体对应在 39、40 岁。

二、上市公司董事长背景特征

与以上部分相同,我们首先对全部样本公司的董事长背景特征进行了考察,接着根据公司控制人的性质将全部样本分为国有控股和非国有控股两个子样本,分别对董事长的特征进行考察,所得结果如表 2-3 所示。

表 2-3 上市公司董事长背景特征描述统计

变量	观测值	均值	中位数	最大值	最小值	标准差
Panel A 全样本						
DTIME	1 431	5.22	5	17	0	2.92
DGEND	1 431	0.96	1	1	0	0.21
DDEGRE	1 431	3.16	3	5	1	0.83
DAGE	1 431	2.45	2	4	1	0.79
DEDU	1 431	0.22	0	1	0	0.41
DJOB	1 431	0.03	0	1	0	0.16
Panel B 国有控股样本						
DTIME	1 054	5.29	5	17	0	2.84
DGEND	1 054	0.95	1	1	0	0.21
DDEGRE	1 054	3.20	3	5	1	0.76
DAGE	1 054	2.54	3	4	1	0.74
DEDU	1 054	0.20	0	1	0	0.40
DJOB	1 054	0.03	0	1	0	0.17
Panel C 非国有控股样本						
DTIME	377	5.04	4	16	0	3.14
DGEND	377	0.96	1	1	0	0.19
DDEGRE	377	3.03	3	5	1	0.99
DAGE	377	2.20	2	4	0	0.87
DEDU	377	0.27	0	1	0	0.44
DJOB	377	0.02	0	1	0	0.14

从表 2-3 的结果看,董事长的平均任职年限为 5.22 年,国有控股企业的董事长的任职年限比非国有控股企业的董事长的任职年限稍长些;董事长一般为男性,而且无论是国有控股企业还是非国有控股企业都存在这一现象;董事长的学历水平为本科以上,而且国有控股企业董事长的学历水平要稍高于非国有控股企业;全部样本公司董事长的年龄在 44 岁或 45 岁,国有控股企业的董事长的年龄要比非国有控股企业的董事长年龄要大 3 岁左右;董事长教育背景为金融、会计或其他经济管理类的比重不大,与国有控股企业相比,非国有控股企业的董事长为金融、会计或其他经济管理类的比重稍高些;但是,董事长很少从事金融、会计或其他经济管理类工作,而且无论国有控股还是非国有控股企业的董事长在这一点上是相似的。

同时,通过对管理层和董事长的背景特征进行比较,我们还可以发现,企业董事长的任职时间比管理层的任职时间要更长一些,董事长的任职时间都在 5 年以上,而管理层的平均任职时间不到 3 年;董事长的年龄也较管理层的年龄更大些,董事长的年龄为 44 岁或 45 岁,而管理者的年龄在 40 岁左右;另外,董事长的学历水平较整个管理层的平均水平要稍高一些。

第四节 管理者背景特征与企业投资行为

我们首先对我国上市公司整个管理层的背景特征和董事长的背景特征与企业过度投资行为之间的关系进行了实证分析,在此基础上,我们区分了企业性质,进一步探讨了在不同企业性质下管理者背景特征与企业过度投资之间的关系。

一、管理层特征与企业过度投资

我们利用上文所界定的研究样本对模型 1 进行回归,探讨整个管理层背景特征对过度投资的影响。首先,分别将管理层规模、性别、任职时间、学历、平均年龄变量单独放入模型,然后再将所有这些解释变量放在同一模型中进行回归。具体回归结果如表 2-4 所示。

表 2-4　管理层的背景特征和企业过度投资回归结果

	(1)	(2)	(3)	(4)	(5)	(6)
截距项	0.636***	0.636***	0.729***	0.645***	0.694***	0.646***
GSIZE	0.0001					0.0001
GGEND		-0.001				0.002
GTIME			-0.0001			-0.00001
GDEGRE				-0.007***		-0.008***
GAGE					-0.005***	-0.006***
CENT	0.003	0.003	0.003	0.002	0.004*	0.003
DEBT	0.026***	0.026***	0.026***	0.026***	0.025***	0.024***
SIZE	-0.030***	-0.030***	-0.030***	-0.029***	-0.029***	-0.0289***
ROA	0.077***	0.077***	0.076***	0.078***	0.077***	0.078***
GROWTH	0.0001	0.0001	0.0001	0.0001	0.0001	0.0001
GSHARE	0.124***	0.124***	0.124***	0.122***	0.121***	0.117***
DDSIZE	-0.012	-0.012	-0.012	-0.008	-0.014*	-0.009
$YEAR_i$	Yes	Yes	Yes	Yes	Yes	Yes
IND_i	Yes	Yes	Yes	Yes	Yes	Yes
观测值	1 431	1 431	1 431	1 431	1 431	1 431
F	151.500***	151.483***	151.480***	155.711***	195.517***	133.163***
Adj-R^2	0.692	0.692	0.692	0.698	0.752	0.701

注：***、**、* 分别表示在 1%、5%、10% 水平显著。

从表 2-4 可以看出,在管理层的背景特征变量中,与企业过度投资关系显著的有学历变量和年龄变量,这两个变量都在 1% 的水平上与过度投资显著负相关,即管理层的平均学历水平越高、平均年龄越大,越不会做出过度投资的决策。前者可能是因为管理者受到的教育越多,其做出的决策越理性,这与 Bantel 和 Jackson(1989)所得出的高管成员学历越高对公司的战略变化越有利,以及 Finkelstein 和 Hambrick(1996)所得出的管理层的受教育程度与组织绩效正相关的研究结论是一致的。后者可能是因为管理者的年龄越大,行为越保守,这与 Carlsson 和 Karlsson(1970)、Vroom 和 Pahl(1971)的研究所得出的年龄大的管理者倾向于采取风险较少的决策这一研究结论是一致的。但是,其余三个解释变量,即管理层的性别、管理层规模和任职时间,对过度投资的影响并不显著。

在控制变量方面,企业规模越小,企业越可能发生过度投资,对其可能的是解释是,在我国,企业规模越大,越有可能获得更多的社会资源以及受到政府、税务和银行等部门的关照和支持,因此,小企业可能更具有扩张冲动,试图通过投资尽快做大企业规模。

企业的负债水平与过度投资之间呈正相关关系,这表明,在中国上市公司中,负债并没有对管理者的行为产生一定的约束作用,负债的治理作用是有限的,相反,由于企业的投资需要大量的资金支撑,因此,公司可能加大负债水平,从而使得两者之间呈现出正相关关系。

企业的盈利能力与过度投资正相关,结合我国资本市场的实际情况,这一点也是可以理解的。中国上市公司具有股权融资冲动,企业只要具有股权融资资格就会进行股权融资,而那些具有股权融资能力的企业都是盈利能力很强的企业,增发、配股所融进的资本给企业的过度投资埋下了伏笔。

管理层持股与过度投资正相关,一方面,可能由于我国上市公司管理层持股的比例很低,难以起到激励相容的作用;另一方面,中国上市公司并不重视投资失败可能导致的财务困境风险(李悦等,2007),缺乏应有的风险意识。

发展机会、股权集中度以及独立董事占比的影响则并不显著。由于我国宏观经济高速发展,为公司提供了很好的外部发展机会。由于公司普遍很好的发展机会,因此其对公司过度投资的影响可能并不显著。在我国,由于上市公司特殊的股权结构,大股东往往具有绝对控股地位,因此相应的约束机制难以发挥有效作用,从而导致股权制衡、独立董事对上市公司的投资决策难以或根本没有发挥其应有的影响。

二、董事长背景特征与企业过度投资

我们从管理层中单独剥离出董事长的背景特征进行分析,即对模型2进行回归。其结果如表2-5所示。

从表2-5可以看出,在董事长背景特征的变量中,学历和年龄与过度投资之间存在显著的负相关关系,也就是说,董事长学历越高、年龄越大,企业的投资行为越谨慎,越不可能发生过度投资行为。董事长的教育背景与过度投资之间的关系也是显著的,金融、会计或经济管理类专业背景更可能进行过度投资;但是,董事长的金融、会计或其他经济管理类工作经历与过度投资之间也存在一定程度的负相关性,这可能是由于在类似的工作中,董事长对风险和收益的理解更加深刻,从而风险意识更强有关。董事长的性别以及任职时间与过度投资之间的关系并不显著。

表 2-5 董事长的背景特征和企业过度投资回归结果

	(1)	(2)	(3)	(4)	(5)	(6)	(7)
截距项	0.633***	0.637***	0.638***	0.632***	0.634***	0.634***	0.641***
DTIME	−0.0001						−0.0001
DGEND		−0.003					−0.003
DDEGRE			−0.001**				−0.002***
DAGE				−0.001**			−0.002***
DEDU					0.003***		0.003***
DJOB						−0.004	−0.005*
CENT	0.004***	0.004***	0.004***	0.004***	0.004***	0.004***	0.004**
DEBT	0.025***	0.026***	0.025***	0.025***	0.025***	0.025***	0.024***
SIZE	−0.03***	−0.03***	−0.03***	−0.03***	−0.03***	−0.03***	−0.029***
ROA	0.075***	0.076***	0.075***	0.076***	0.076***	0.076***	0.076***
GROWTH	0.00001	0.00001	0.00001	0.00001	0.00001	0.00001	0.00001
GSHARE	0.127***	0.127***	0.116***	0.135***	0.129***	0.126***	0.126***
DDSIZE	−0.013*	−0.013*	−0.014*	−0.013*	−0.013*	−0.013*	−0.016**
$YEAR_i$	Yes	Yes	Yes	Yes	Yes	Yes	Yes
IND_i	Yes	Yes	Yes	Yes	Yes	Yes	Yes
观测值	1 431	1 431	1 431	1 431	1 431	1 431	1 431
F	151.98***	152.19***	152.72***	152.78***	153.01***	152.16***	125.94***
Adj-R^2	0.692	0.692	0.693	0.693	0.693	0.693	0.697

注:***、**、*分别表示在1%、5%、10%水平显著。

从上述结果来看,管理层的背景特征和董事长的背景特征对企业投资的影响存在很大的相似性。无论是董事长还是管理层,学历和年龄与过度投资之间都呈负相关关系。

第五节 企业性质、管理者背景特征与企业投资行为

在我国有两类典型性质的企业,即国有控股企业和非国有控股企业。由于所有制的不同,两类企业在许多方面存在显著的差异,譬如说,国有控股企业由于所有者缺位,因此,一般认为,国有控股企业的代理问题更严重些,而非国有尤其是民营企业的代理问题相对要小些。对此,我们区分了企业的性质,进一步对企业高管特征与企业投资行为的关系进行了研究。

一、不同性质企业的管理层特征与企业过度投资

我们按照实际控制人的不同,即是否是国有控股,将所有样本分成两个子样本,使用模型1,分别对企业的管理层特征与过度投资之间的关系进行回归分析。结果如表2-6和表2-7所示。

表 2-6 国有控股企业管理层的背景特征和企业过度投资回归结果

	(1)	(2)	(3)	(4)	(5)	(6)
截距项	0.651***	0.651***	0.648***	0.655***	0.654***	0.658***
GSIZE	0.0001					0.0001
GGEND		-0.001				0.001
GTIME			0.001			0.001*
GDEGRE				-0.006***		-0.007***
GAGE					-0.005***	-0.006***
CENT	0.002	0.002	0.002	0.001	0.003	0.002
DEBT	0.026***	0.026***	0.026***	0.025***	0.025***	0.024***
SIZE	-0.031***	-0.031**	-0.03***	-0.03***	-0.03***	-0.029***
ROA	0.088***	0.089***	0.086***	0.09***	0.089***	0.089***
GROWTH	0.00001	0.00001	0.00001	0.00001	0.00001	0.00001
GSHARE	-0.089	-0.085	-0.159	-0.501	0.008	-0.535
DDSIZE	-0.011	-0.011	-0.01	-0.008	-0.012	-0.007
$YEAR_i$	Yes	Yes	Yes	Yes	Yes	Yes
IND_i	Yes	Yes	Yes	Yes	Yes	Yes
观测值	1 431	1 431	1 431	1 431	1 431	1 431
F	127.71***	127.67***	127.99***	129.86***	128.99***	111.05***
Adj-R^2	0.719	0.719	0.719	0.722	0.721	0.726

注：＊＊＊、＊＊、＊分别表示在1%、5%、10%水平显著。

表 2-7 非国有控股企业管理层的背景特征和企业过度投资回归结果

	(1)	(2)	(3)	(4)	(5)	(6)
截距项	0.541***	0.551***	0.552***	0.576***	0.554***	0.564***
GSIZE	0.001**					0.0001
GGEND		0.005				0.006
GTIME			-0.003**			-0.003**
GDEGRE				-0.010***		-0.010***
GAGE					-0.001	-0.002
CENT	0.014**	0.012**	0.012**	0.01*	0.011**	0.012**
DEBT	0.026***	0.028***	0.028***	0.031***	0.028***	0.030***
SIZE	-0.026***	-0.026***	-0.026***	-0.026***	-0.026***	-0.025***
ROA	0.047***	0.046**	0.049***	0.044**	0.046**	0.050***
GROWTH	0.00001	0.00001	0.00001	0.00001	0.00001	0.00001
GSHARE	0.136***	0.131***	0.137***	0.134***	0.132***	0.136***
DDSIZE	-0.031	-0.036*	-0.043**	-0.025	-0.038*	-0.026
$YEAR_i$	Yes	Yes	Yes	Yes	Yes	Yes
IND_i	Yes	Yes	Yes	Yes	Yes	Yes
观测值	377	377	377	377	377	377
F	31.52***	30.97***	31.64***	32.70***	30.96***	27.69***
Adj-R^2	0.612	0.607	0.613	0.621	0.607	0.625

注：＊＊＊、＊＊、＊分别表示在1%、5%、10%水平显著。

表 2-6 和表 2-7 的结果表明,在国有控股企业和非国有控股企业的两组样本中,学历变量对过度投资的影响都是在 1% 的水平上显著为负,这说明不论是国有控股企业还是非国有控股企业,管理层的学历背景都会显著影响企业的投资行为,管理层的学历水平越高,过度投资程度越小。

进一步地,通过比较表 2-6 和表 2-7 的回归结果,我们可以看出,国有控股企业和非国有控股企业的管理层特征对过度投资的影响具有显著的差异性。具体而言,在国有控股企业样本组中,管理者的任职时间与过度投资之间存在一定的正相关关系,管理者的年龄与过度投资之间存在显著的负相关关系;而在非国有控股样本组中,管理者任职时间却与过度投资之间存在显著的负相关关系,年龄的影响并不显著。对其可能的解释是:

第一,就年龄这一特征而言,在国有控股企业,管理者年龄越大,由于面临着政治升迁或者退休的压力,管理者可能会随着年龄的增长而产生越来越强烈的"善始善终"思想,从而导致其在投资行为上越来越保守;而在非国有控股企业,年龄可能并不是一个很重要的影响,尤其在民营企业更是如此。

第二,关于国有控股企业的管理层的任职时间与过度投资的正相关关系,可能是因为任职时间越长,管理者越容易过度自信或懈怠,在监督约束机制不健全的情况下,过度投资行为更容易变为事实;而在非国有控股企业,由于监督可能更强些,管理者任职时间越长,风险意识越强,行为越可能保守。

二、不同企业性质的董事长特征与企业投资

我们将样本按照实际控制人的不同,即是否是国有控股,分成两个子样本,使用模型 2 分别对变量进行回归,检验不同企业性质下,董事长特征与过度投资之间的关系。具体结果见表 2-8 和表 2-9。

表 2-8 和表 2-9 的结果表明,国有控股企业和非国有控股企业两组样本中,董事长的教育程度都与企业过度投资之间存在一定的负相关关系(非国有控股企业董事长教育背景与过度投资之间系数的 t 值为 1.496,接近 10%),这说明提高董事长的学历水平有助于降低过度投资。

通过比较表 2-8 和表 2-9 的回归分析结果,我们可以发现,国有控股企业的董事长和非国有控股企业的董事长的特征对企业过度投资行为的影响在许多方面都存在显著差异:

表 2-8 国有控股企业的董事长的背景特征和企业过度投资回归结果

	(1)	(2)	(3)	(4)	(5)	(6)	(7)
截距项	0.648***	0.653***	0.655***	0.648***	0.647***	0.648***	0.661***
DTIME	-0.0001						-0.00001
DGEND		-0.004**					-0.004*
DDEGRE			-0.002**				-0.002***
DAGE				0.0001			0.00001
DEDU					0.004***		0.004**
DJOB						-0.004	-0.007**
CENT	0.004	0.004*	0.003	0.004	0.003	0.004	0.003
DEBT	0.025***	0.026***	0.025***	0.025***	0.025***	0.025***	0.026***
SIZE	-0.03***	-0.03***	-0.03***	-0.03***	-0.03***	-0.03***	-0.03***
ROA	0.087***	0.089***	0.089***	0.087***	0.087***	0.087***	0.088***
GROWTH	0.00001	0.00001	0.00001	0.00001	0.00001	0.00001	0.00001
GSHARE	-0.089	0.039	-0.302	-0.13	-0.03	-0.13	-0.064
DDSIZE	-0.011	-0.01	-0.013*	-0.01	-0.01	-0.01	-0.014*
$YEAR_i$	Yes	Yes	Yes	Yes	Yes	Yes	Yes
IND_i	Yes	Yes	Yes	Yes	Yes	Yes	Yes
观测值	1 053	1 053	1 053	1 053	1 053	1 053	1 053
F	128.01***	128.77***	129.72***	128.03***	129.50***	128.42***	106.93***
Adj-R^2	0.719	0.721	0.722	0.719	0.722	0.720	0.726

注：＊＊＊、＊＊、＊分别表示在1%、5%、10%水平显著。

表 2-9 非国有控股企业的董事长的背景特征和企业过度投资回归结果

	(1)	(2)	(3)	(4)	(5)	(6)	(7)
截距项	0.533***	0.55***	0.554***	0.542***	0.553***	0.554***	0.526***
DTIME	-0.001**						-0.001*
DGEND		0.005					0.005
DDEGRE			-0.0001				-0.002
DAGE				-0.004***			-0.004***
DEDU					-0.001		-0.002
DJOB						0.004	0.006
CENT	0.014***	0.012**	0.011**	0.011**	0.011**	0.011**	0.013**
DEBT	0.027***	0.028***	0.028***	0.027***	0.028***	0.028***	0.026***
SIZE	-0.025***	-0.03***	-0.026***	-0.03***	-0.03***	-0.03***	-0.024***
ROA	0.044**	0.046**	0.045**	0.047**	0.044**	0.045**	0.038**
GROWTH	0.00001	0.00001	0.00001	0.00001	0.00001	0.00001	0.00001
GSHARE	0.14***	0.133***	0.132***	0.16***	0.132***	0.133***	0.152***
DDSIZE	-0.037*	-0.04*	-0.037*	-0.04*	-0.04	-0.04*	-0.037*
$YEAR_i$	Yes	Yes	Yes	Yes	Yes	Yes	Yes
IND_i	Yes	Yes	Yes	Yes	Yes	Yes	Yes
观测值	377	377	377	377	377	377	377
F	31.62***	31.07***	30.94***	32.75***	30.96***	30.98***	26.19***
Adj-R^2	0.613	0.608	0.607	0.621	0.607	0.608	0.621

注：＊＊＊、＊＊、＊分别表示在1%、5%、10%水平显著。

第一,国有控股企业的董事长的任职年限以及年龄对企业的过度投资行为的影响并不显著,而非国有控股企业董事长的任职年限则对过度投资具有一定的负影响,年龄特征与过度投资之间存在着显著为负的相关关系。这可能是因为非国有控股企业董事长由于在上市公司中占有很高比重的股份,公司的好坏与自己的利益密切相关,从而会在公司决策中非常慎重,而且,其在公司中的任职时间越长,年龄越大,经历越丰富,越想保住自己的事业,从而在投资行为上越谨慎;在中国,国有控股企业的董事长往往是政府委派,因此,他们更像政府官员,正是由于国有控股企业的董事长很少或不持有上市公司的股份,自身的利益与公司并不一致,从而可能导致他们在上市公司中的决策行为较少受到年龄因素的影响,即可能不会随着年龄的增长而在公司决策上更加保守,相反,随着年龄的增加尤其是在临近退休年龄时,其在行为上可能更加激进,国有控股企业的"59岁现象"从一个侧面对此提供了例证。

第二,国有控股企业的董事长的教育背景对企业过度投资行为的影响为正,而非国有控股企业董事长的教育背景对企业过度投资的影响并不显著。可能的解释是,金融、会计、经济管理类专业讨论的是收益与风险、收益与成本的权衡,国有控股企业董事长所受到的金融、会计或经济管理类教育使得他们更看重收益,为了获得更大的收益,他们可能更趋于激进行为,因为事业不是他们自己的,如果成功,他们获得声誉、职位的提升等好处,而失败对其本身的影响并不大,现实中,我们很少看到企业的董事长因为企业经营业绩不佳而去职;而非国有控股企业董事长所受到的类似的教育可能使得他们更重视风险,因为事业是他们自己的,如果事业失败,那么他们将失去一切。

第三,国有控股企业董事长的金融、会计或经济管理类工作对企业的过度投资影响为负,而这一关系在非国有控股企业样本组中并不显著,这也许是一个非常有趣的发现,这在一定程度上说明工作经历对所受教育的体验的重要意义。结合以上所讨论的,国有控股企业董事长所受的金融、会计或经济管理类教育可能使得他们做出过度投资的决策,但是,如果其有过与所学专业相似的工作经历,他们将会发现现实是复杂的,风险更是时刻伴随着收益的,从而对其今后的领导管理行为产生一定的影响;而非国有控股企业董事长由于一直很谨慎,类似的工作经历对其影响可能较小。

第四,国有控股企业董事长的性别与过度投资之间存在负相关性,即女性董事长的过度投资倾向更大,而非国有控股企业董事长的性别特征与过度投资之间的关系并不显著,这一点可能是因为在国有控股企业中,尽管都存在着所有者缺位因素,但是,较男性董事长而言,女性董事长的感性意识更强,在企业的投资支出上也可能表现出与女性购物消费相同的特点。同时,恰如前述,国有控股企业的董事长具有经理人特征,在女性董事长的职业发展过程中,她们要在事业上脱颖而出,超越男性同事成为领导人,需要冲破传统观念,在事业上更加努力拼搏。在与男性同事的竞争中,她们的自然性别色彩逐步淡化,而且在行为上可能比男性更加激进而非更加保守。而在非国有控股企业中,企业在很大程度上就是董事长自身的,因此,性别因素的影响可能并不大。

第六节 稳健性检验

我们通过变换回归方法和采用其他指标衡量过度投资,来对以上所得出的研究结论进行稳健性检验。

一、变换回归方法

我们根据计算出过度投资的数据 $I^e_{NEW,t}$ 是否大于 0,将全部数据分为两类:如果大于 0,则将其定义为过度投资,对其取值为 1;否则,取值为 0。利用 Logit 模型对其回归,回归的结果与上文是一致的。

二、其他衡量过度投资指标

关于过度投资,有的学者利用 Q 指标作为过度投资的替代变量,如 Lang 和 Litzenberger(1989),但是,一则,Denis、Denis 和 Sarin(1994)以及 Yoon 和 Starks(1995)进行同样的检验所得出的研究结论与 Lang 和 Litzenberger(1989)并不一致,二则,在中国上市公司的股票价格难以反映公司基本面的情况下,运用市场指标来衡量公司的过度投资是存在一定的偏差的。因此,我们更倾向运用公司层面的指标来衡量公司的过度投资情况。

Blanchard et al.(1994)实证研究的结果表明,拥有超额现金(extra cash)而不分红的企业会过度投资。因此,分红可以作为企业是否过度投资的替代变量。但是在我国,由于上市公司的投资者保护比较差,资本市场的效率不高,企业普遍不分红,或者仅仅是满足证监会的再融资要求而少分红,这样企业的分红政策难以作为过度投资的衡量指标。

我们借鉴 Ghose(2005)的方法,以经过行业调整的公司投资与销售收入的比重来替代过度投资。实证检验的结果表明,董事长特征变量的结果与原来的回归结果基本一致,管理者特征的系数符号与原来的回归结果尽管是一致的,但显著性却大大降低,这可能一方面是指标选择本身的问题,其仅仅考虑了行业的投资水平,而没有考虑公司自身的一些可能影响投资水平的特征;另一方面也因为对中国上市公司而言,董事长对公司投资决策的影响更大,以上部分回归的结果也表明,与管理者相比,更多的董事长特征变量与过度投资显著相关。

第七节 研究结论

"高层梯队理论"认为战略选择是一个非常复杂且含义广泛的决策,而复杂的决策是多种行为因素的结果,它反映了决策者的特质。公司高管的特征影响他们的决策,进而影响他们所领导的公司的行动(Hambrick 和 Mason,1984)。本章依据"高层梯队理论",选用沪深两市的 477 家公司 2003—2005 年的数据作为研究样本,从管理层年龄、学历、任期、团队规模、性别等方面,同时区分了管理层和董事长、国有控股和非国有控股企业,实证检验了管理者背景特征对企业过度投资的影响。

本章的研究结果表明:管理者背景特征与企业的过度投资行为之间存在一定的相关性。具体而言,在影响企业过度投资的管理层背景特征中,管理团队的平均教育水平与过度投资之间的关系存在着显著的负相关关系,而且这种负相关关系无论对公司的管理层还是董事长,无论对国有控股企业还是非国有控股企业的管理层或董事长而言,都是成立的,这在一定程度上说明,提高公司高管的学历水平将有助于降低公司的过度投资行为;管理层平均年龄与过度投资也有明显的负相关关系;而其他的管理者特征对过度投资的影响均不具有显著性;董事长个人的背景特征对过度投资的影响主要表现在学历、年龄、教育背景、工作经历上。区分企业性质后的研究发现,国有控股企业和非国有控股企业的董事长以及管理层的背景特征与过度投资之间的关系存在一定的差异性,这表明企业的性质是影响管理者背景特征与企业过度投资之间关系的一个重要因素。以上研究结果表明,研究企业的过度投资行为必须考虑到企业高管的背景特征,否则可能会影响研究结论的有效性。同时,本章的研究结果为我们更好地理解企业的投资行为有一定的启示,对企业的人力资源管理实践也具有一定指导意义。

由于客观原因,本章的研究也存在一定的局限性,如在管理层背景特征描述上,因为数据以及技术处理的限制,没有考虑管理层工作经历变量和教育专业变量,获取的管理层背景特征数据可能不充分;同时,这些管理者信息主要来自公司年报中的披露,这些披露的范围并不完全,而且没有一个绝对统一的标准,有些属于本研究管理层范畴内的人员没有相关信息披露。以上这些都可能会在一定程度上影响本章的研究结论。

第三章

中国上市公司投资行为：
管理者过度自信视角

第一节 引 言

尽管已有文献从管理者这一视角对企业的投资问题进行了一定的研究，如在公司治理文献中，企业投资的动机往往被认为是管理者出于自身利益最大化(Jensen,1986;Narayanan,1985;Grossman 和 Hart,1986;Finkelstein 和 Hambrick,1989;Amihud 和 Lev,1999;Aggarwal 和 Samwick,2003;张翼、李习和许德音,2005;Bebchuk 和 Grinstein,2007;等等)，但是，我们可以看出，传统理论往往将管理者视为完全理性的"经济人"，认为管理者行为遵守期望效用最大化原则和贝叶斯学习法则，而现实情况是，人们在经济活动中总是或多或少地表现出有限理性的特征。行为金融学的蓬勃发展已经向人们展示了在传统完全理性假设下所未能发现的一些经济规律。

过度自信是心理学的一个专业术语，所谓过度自信是指人们倾向于高估自己成功的概率、而低估失败的概率的心理偏差(Wolosin et al.,1973;Langer,1975)。大量的心理学研究结果表明，人们普遍存在着过度自信的心理特征(Weinstein,1980;Alicke,1985)。这一现象也存在于管理学领域。许多研究发现，企业管理者的过度自信程度普遍要高于一般大众(Cooper et al.,1988;Landier et al.,2004)。但是，从文献情况来看，在经理人的决策模型中，行为假定(behavioral assumptions)却往往被忽视(Barberis 和 Thaler,2003)。我们以财务理论和企业理论为基础，运用行为金融理论，研究了管理者过度自信对企业投资规模以及投资方式的影响。

自 Roll(1986)的开创性研究以来，学者们开始重视管理者过度自信在企业财务决策中的影响，如 Heaton(2002)的管理者过度自信对企业过度投资和投资不足的影响的研究；Gervais et al.(2003)的管理者过度自信与资本预算的关系的研究；Malmendier 和 Tate(2003,2005)对管理者过度自信与企业并购等之间关系的研究，等等。研究发现，过度自信管理者往往高估收益，低估风险，其对企业的投资等决策存在显著的影响。

企业管理者在过度自信心理的驱使下，将对企业的投资决策产生影响(Malmendier 和 Tate,2003,2005;Lin et al.,2005)。这一点对我国企业来说可能具有更强的现实意义。众所周知，我国绝大多数上市公司是由国有企业改制而来的，这使得它们天生就具有中国特色的国有企业的一些烙印。例如，很多上市公司的高管还是以前国有企业的领导，他们为企业的成长付出了艰苦的努力，为企业的发展壮大立下了汗马功劳。已有的研究表明，过去的成功会加强人们的过度自信心理。因此，在企业的逐步成长中，这些国企的高管容易滋生过度自信的心理。同时，就民营企业而言，在民营企业高速成长发展过程中，管理者的过度自信心理也很容易形成。

长期以来，我国经济快速发展，为企业创造了很好的外部发展环境，提供了很多投资机会。在这样的环境下，我国企业普遍具有很强的投资扩张冲动，投资规模和扩张速度一直保持较高水平。在我国企业尤其是上市公司大规模投资以实现快速扩张目标的过程中，值得我们思考的问题是，企业所进行的投资决策的经济后果如何？哪些因素影响了企业投资的速度以及投资方式的选择？控制着公司资源的管理者的相关特征对企业投资有什么影响？管理者的过度自信心理特征是否对企业的投资决策产生了显著的影响？我国上市公司普遍效率不高，其中一些公司因连续亏损被ST、PT而陷入了财务困境，那么不同特征的管理者所实施的投资战略是否对企业绩效以及陷入财务困境产生了一定的影响？从已有的文献看，这些问题并没有引起学者们的足够关注，而对这些问题的回答无疑具有重要的理论意义和实践价值。因此，本章对过度自信的管理者进行投资所导致的经济后果，从绩效和财务困境两个方面进行了拓展研究。

需要强调的是，企业投资具有经济后果，即它可能影响到企业的业绩。而更需要引起注意的是，不顾客观条件约束所进行的大规模投资还会对企业风险产生一定的影响，如果不重视对风险的控制，过度的投资可能给企业带来灭顶之灾。但是，从已有的相关文献可以看出，无论国内还是国外，学术界更多的是讨论企业行为对企业绩效或者企业价值的影响，而企业行为对企业风险所可能产生的影响却较少探讨。现实中，企业最关心的可能是如何创造利润和价值，而忽略了随之而来的企业风险。但是必须认识到，企业风险与企业活动相伴而生，如果仅仅偏重于企业业绩或价值，而忽略了风险,将会导致严重的后果,可能使企业陷入财务困境,甚至陷入破产境地。我们可以看到,众多业绩优异、高速成长的企业往往在一夜之间突然倒闭,国外的公司如安然等,国内的公司如德隆、巨人、格林柯尔等。尽管对它们的失败有诸多解释,但是对经营活动及企业发展过程中风险的忽略无疑是其中的重要原因之一。

我们认为,西方学术界对企业价值的重视及对企业风险的忽略可能是由于他们认为企业价值包含了市场对公司基本面的判断,譬如说股价既包含了业绩,同时也对风险给出了价格。但是,由于信息不对称等原因,市场难以对公司所面临的风险做出准确评估,不仅如此,诸多企业失败并非因为企业业绩不好或者说没有创造价值,而是因为在对风险的把握和控制方面出现了问题,因此,对企业的风险有必要单独进行研究。对我国企业而言,由于资本市场的不完善,公司股票价格难以反映公司的基本面,从这一意义上讲,对企业风险的考察可能更具有必要性。对风险的关注和警觉,防止企业陷入财务困境,更是一个现代企业必须高度重视的课题。

第二节 文 献 回 顾

在心理学家发现人们普遍存在过度自信心理特征后,经济学家和管理学家们研究了这一特征在企业管理者中的表现。Cooper et al. (1988)对美国企业家的调查显示,创业企业家们认为其他企业成功的概率只有59%,而自己成功的概率则高达81%。其中,只有11%的人认为别人成功的概率为100%,而相信自己成功的概率为100%的高达33%。但后续研究却发现,这些被调查企业中有66%以失败告终。这说明创业企业家普遍存在着过度自信心理。Landier et al. (2004)对法国企业家的调查也得出了同样的结论。在他们的调查中,56%的创业企业家认为自己的企业能够发展下去,而只有6%的企业家对自己企业的前途感到担忧;而在跟踪调查三年以后,前者的比例下降为38%,而后者的比例上升为17%。

在成熟企业这种过度自信特征也很普遍。Merrow et al. (1981)考察了美国能源行业的设备投资情况,他们发现,企业管理者们往往非常乐观地低估设备投资成本,而实际成本往往是他们预计成本的两倍以上。Statman et al. (1985)调查了其他一些行业,发现管理者们在成本和销售预测方面普遍存在过度乐观现象。

心理学和管理学领域的这些研究发现为管理者过度自信心理特征在投资领域里的研究奠定了一定的理论基础,正是以此为基础,研究者们才有可能考察管理者过度自信这一心理特征对企业投资及其他财务问题的影响。以下从理论和实证两个方面,对本领域的相关文献进行简要的回顾与评述。

一、管理者过度自信的企业投资:理论研究

从国内外现有的文献来看,基于管理者过度自信的企业投资方面的研究主要集中在两个方面:一是关于管理者过度自信所引起的企业过度投资和投资不足;二是关于管理者过度自信所引起的企业并购行为。这方面的研究首先是从理论研究开始的,早在1986年,Roll在他开创性的论文里就首次提出了管理者"自以为是"(Hubris)假说①,分析了过度自信的管理者对企业并购行为的影响,但在随后的十几年内该研究并未引起学术界的重视,直到最近几年人们才逐步开始认识到该文的重要性。

Roll(1986)认为,过度自信的管理者往往会高估并购收益,而且相信并购能带来协同效应,从而会使得本身不具有价值的并购活动得以发生。他进而根据该理论作出了一些预测:(1) 当一个未预期的并购被宣布时,目标企业的股价将上涨;如果并购最终未能成功,股价又会跌回原来的水平;(2) 如果并购是未预期的,而且未包含并购方的任何额外的信息,当并购被宣布时,并购方的股价会下跌;如果并购最终未能成功,并购方的股价又会上涨;如果并购最终实现,股价又会下跌;(3) 并购完成时,被并购企业价值的增加额会为并购企业价值的减少额所抵消,即并购并不会带来财富的增加,并购所发生的费用构成最终的净损失。Roll没有直接去验证他的理论,而是通过回顾其他人所得到的实证研究结果间接地证明了这些预测是正确的。

Heaton(2002)是继Roll之后的第二篇经典性论文,该文提出了一个基于管理者过度自信的投资异化模型,该模型将管理者过度自信、自由现金流变量结合起来,推导出:在不同的自由现金流下,管理者过度自信会分别导致过度投资和投资不足。具体结论如下:

一方面,乐观心理会使得管理者认为有效的市场低估了企业的风险证券,因而他们会偏爱企业内部资金。当企业依赖于外部资金时,管理者有

---

① 国内也有人翻译为"狂妄自大假说"。

时宁愿放弃一些净现值为正的项目,也不愿意从外部融资,因为他们认为外部融资成本过高,会导致企业投资不足。在这种情况下,自由现金流能充当"拯救者"的角色,纠正这种投资不足。

另一方面,乐观的管理者会高估投资所产生的现金流,从而高估投资项目的价值,一些净现值为负的投资项目可能会被他们误认为具有正的净现值。在自由现金流匮乏的情况下,乐观的管理者会放弃一些净现值为负的投资项目(虽然在乐观心理的驱使下,他们会认为这些投资项目的净现值为正),因为他们认为外部融资成本过高。相反,充足的自由现金流会产生负面影响,因为自由现金流缓解了资金不足,导致管理者投资于净现值为负的投资项目,从而导致过度投资。

Gervais et al.(2003)发展了一个资本预算模型,研究了管理者过度自信对企业投资政策的影响以及股票期权计划在其中所起的作用。他们的结论如下:(1)理性的管理者是风险规避型的,在没有获得关于一个投资项目确切、完备的信息之前,他们不会实施该项目,即使这些项目会为股东带来最大化的价值,从而造成股东的价值损失。在这种情况下,股票期权能缓解这一问题。(2)管理者适度自信对股东来说是好事,因为一方面他们是忠诚于股东的,不存在代理问题,从而不需要额外的激励;另一方面,他们是一定程度的风险偏好者,能投资那些具有正的 NPV 的项目,从而为股东创造价值。(3)对于过度自信的管理者来说,股票期权计划不仅不能缓解因管理者过度自信所导致的过度投资问题,反而会使问题恶化。因为一方面,过度自信的管理者本身是以股东财富最大化作为目标的,不存在代理问题,也不需要额外的激励,如果给他们股票期权,会造成财富从股东流向管理者;另一方面,在股票期权的激励下,管理者们会更多地去投资高风险的项目,从而可能为股东带来损失。

Xia 和 Pan(2006)基于实物期权框架,提出了一个管理者过度自信条件下的动态并购模型。他们通过该模型证明:(1)如果管理者的过度自信程度不是特别严重,并购所带来的市场回报通常是正的;(2)如果管理者的过度自信程度很严重,并购企业的市场回报是负的;(3)如果管理者的过度自信程度或产品竞争程度较低,并购企业的市场回报状况依赖于该企业的规模;(4)竞争会降低并购企业的回报,但会增加目标企业的市场回报。

从这些理论模型来看,它们的结论简单明了,便于进行验证。事实上,这些结论基本上都为后来的实证研究所证明,这一点可以从以下部分的分析中看出。

二、管理者过度自信的企业投资：实证研究

前已述及，基于管理者过度自信的企业投资异化方面的研究主要集中在两个方面：一是关于管理者过度自信所引起的企业过度投资和投资不足；二是关于管理者过度自信所引起的企业并购行为。为了研究的方便，本部分将这两个方面分开进行分析。

1. 管理者过度自信所引起的企业过度投资和投资不足

Malmendier 和 Tate(2005)对 Heaton(2002)的理论进行了实证检验。他们首先开创性地用 CEO 持股状况来衡量管理者过度自信，并对管理者过度自信与企业投资之间的关系进行了实证检验，他们发现：管理者的过度自信程度越大，投资和现金流之间的敏感性越高，说明在现金流充足的情况下，管理者的过度自信心理会造成过度投资；而在现金流缺乏的情况下，又会造成投资不足。此外，他们还发现，对于权益依赖型企业来说，管理者过度自信对投资现金流之间敏感性的影响程度更大。

Lin、Hu 和 Chen(2005)采用类似的方法用台湾的数据进行了检验。他们用企业盈利预测偏差这一指标来衡量管理者过度自信，发现：(1) 在内部资金充足的情况下，过度自信的管理者比非过度自信的管理者投资更多；(2) 当融资约束程度更大的时候，上述两者的投资差距更大。

在本章所回顾的文献中，几乎所有实证研究都将管理者定义为 CEO，而 Ben et al. (2007)则是例外，他们将管理者定义为 CFO，考察他们的过度自信所带来的财务政策的变化。他们通过问卷调查的形式来确定 CFO 是否过度自信，发现过度自信的 CFO 会进行大量的投资，并且大量通过负债融资的方式筹措投资所需的资金；同时，为了保留更多的内部现金流用于投资，他们也很少支付股利。

我国也有学者对这一问题进行了研究。郝颖等(2005)用 CEO 持股状况来衡量管理者过度自信，以深、沪两市 2001—2003 年的 916 家上市公司为研究样本进行了研究。他们根据高管①持股情况，将样本分为过度自信(3 年内持股量增加)、适度自信(持股量在 3 年未减少)和全样本，然后分别考察了投资与经营现金流的敏感性，发现随着过度自信程度的增加，这一敏感程度逐步增加。在加入融资约束变量后，他们发现内部人控制因素

---

① 但该文没有解释高管具体包括哪些人员。

对投资与经营现金流的敏感性的影响程度超过了过度自信因素。

王霞等(2007)则采用 CEO 持股状况和盈利预测偏差来衡量管理者(董事长)过度自信,以深、沪两市 2002—2004 年的 895 家上市公司为研究样本进行了研究。他们发现,管理者越过度自信,过度投资程度越大,但管理者过度自信并不影响投资和自由现金流之间的敏感性,而是影响投资和融资现金流之间的敏感性,过度自信程度越大,敏感程度越大。

2. 管理者过度自信对企业并购的影响

在 1997 年有两篇论文试图用实证的方法对 Roll(1986)的"自以为是"假说进行检验,但因为方法上的问题影响了论文的质量,几乎没有形成什么影响。

其一,是 Boehmer 和 Netter(1997)。他们没有直接用变量衡量管理者过度自信,而是采取了间接的办法,研究企业并购和内部交易(inside trading)之间的关系。所谓内部交易,就是管理人员买卖本公司股票的行为。他们认为,这一行为模式能够代表他们对本公司的看法。研究发现,那些没有成为并购目标或最终成为善意并购目标的公司的管理人员在内部交易中能获得显著的非正常收益,而那些最终成为敌意并购目标的公司的管理人员则基本上没有获得收益。据此,他们推断:管理人员之所以会拒绝并购要求是因为他们很自信,认为公司在自己手里要比在别人手里更有发展前景。当然,他们的这一推断显得比较武断。

其二,是 Hayward 和 Hambrick(1997)。这一研究要强于前者,他们直接检验了并购和管理者过度自信之间的关系。他们用相关的主流媒体对 CEO 的评价、CEO 的相对报酬、并购企业的当前业绩这三个变量以及根据这三个变量通过因子分析得到的新变量衡量管理者过度自信,发现管理者越过度自信,他们所实施的并购的溢价程度就越大。并购会为股东带来财富的损失,管理者过度自信和并购溢价之间的关系越强,这种损失程度也越大。这一研究立意很好,但总的来说做的比较粗糙,这也许是它未产生什么影响的主要原因之一。

在这一领域具有较大影响的是 Malmendier 和 Tate 的另外一篇关于管理者过度自信和企业并购的实证研究。在该研究中,他们采用 CEO 持股状况、相关的主流媒体对 CEO 的评价两个变量来衡量管理者过度自信,发现:(1)过度自信的管理者更易发起并购,而且绝大多数是多元化并购;(2)对于权益依赖程度越低的企业,过度自信的程度与并购发生的可能性之间的相关性越显著,也即过度自信的管理者偏好通过现金或债务融资的方式发起并购,而很少用股票的方式,除非他们企业的价值被市场高估;(3)相对于理性的管理者而言,过度自信的管理者所发起的并购会引起市场更强烈的负反应。这些结论表明,管理者的过度自信确实会影响企业的并购行为,造成大量损毁价值(value-destroying)的并购行为发生,为企业带来损失(Malmendier 和 Tate,2003)。Ben et al.(2007)也得到了类似结论,发现过度自信的管理者发起的并购会带来负的市场回报。

Doukas 和 Petmezas(2006)用 CEO 实施并购的频率衡量管理者过度自信,发现:(1)过度自信的管理者实施的并购会为股东带来正的市场回报,但程度要低于非过度自信管理者实施的并购,从长期业绩来看,过度自信的管理者实施的并购表现得很糟糕,这一结论不同于其他类似的研究;(2)高频率的并购比低频率的并购业绩要差,说明管理者倾向于将以前的成功归于自身的能力,从而造成过度自信,进而在过度自信心理的支配下发起更高频率的并购。

Brown 和 Sarma(2006)则提出,不仅管理者的过度自信心理会影响企业的并购行为,而且管理者的控制力(dominance or power)也能对企业的并购行为产生影响。所谓管理者的控制力,是指管理者将他们的计划或想法付诸实施的能力。在该项研究中,他们用相关的主流媒体对 CEO 的评价来衡量管理者过度自信,同时用管理者的报酬额除以企业总资产的对数来衡量管理者的控制力。他们用澳大利亚上市公司的数据进行了实证检验,发现管理者的上述两种特征程度越大,并购的可能性越大,而且管理者的控制力越强,越易实施多元化并购。

通过上述回顾,我们可以将基于管理者过度自信的企业投资异化问题的特点大致归纳为如下几点:

(1)基于完全理性假设的理论认为投资异化来源于管理者或股东等参与者的自利心理,但许多研究发现,人们在现实中往往会表现出"利他"等倾向。对于企业管理者而言,他们往往会认为自己是忠于股东并积极为股东创造价值的,换言之,他们和股东的目标是一致的,这样传统的激励机制就不能解决这种投资异化问题,反而会加重这种异化行为。例如,过度自信管理者会高估收益,而低估损失,他们所选择的投资项目很多是损毁价值的。如果我们根据传统的激励理论提高管理者的薪酬(货币性质或期权性质),他们就会更加积极地为股东寻找更多的投资机会,从而造成企业投资于更多的损毁价值的项目,加重投资异化的程度。因此,这方面的研究为改进激励机制提供了依据。

(2) 从现有文献来看,虽然这一主题才刚刚引起学术界的注意,所形成的研究成果也并不多,但无论是理论研究还是实证研究,研究结论几乎是一致的,这在财务学研究领域还是不多见的。几乎所有的研究结论都显示,一般情况下,管理者的过度自信特征都会带来不好的影响,包括过度投资、投资不足、过度并购、通过并购造成股东财富的损失,等等。这说明管理者过度自信不仅普遍存在着,而且确实会给企业带来负面影响,从理论和实践上来看,这都是很有意义的。但换一种角度来看,结论太一致也不利于理论的发展,只有更多的争辩才能开拓更广阔的空间。我们不能排除这类研究中有些受到了"思维定式"的影响,这需要在将来的研究中逐步加以改进。

(3) 国内的相关研究还较少,大多是关于国外相关理论的介绍与归纳,缺乏结合中国的实际情况和特点进行的研究,特别是用中国的数据所做的经验研究。这一方面是因为这一领域才刚刚发展,另一方面也是因为我国证券市场还不完善,与国外发达的证券市场存在较大差距,相关数据难以获得。例如,在这一研究领域,管理者过度自信的度量是一个关键的问题,但前面提到的那些度量方法在我国难以得到很好的应用,这就需要我们去寻找更适合我国国情的度量指标。本章将对此进行一定的尝试。

第三节 假设的提出

委托—代理理论认为,企业扩大投资规模实现扩张最主要的根源来自管理者的自利心理(Jensen,1986;Narayanan,1985)。同时,在企业理论中,Marris(1963)认为,经理控制型企业的目标是增长最大化,而非利润最大化。因此,在进行投资决策时,只要对自身有利,即使这项决策会损毁企业价值,管理者也会将其付诸实施。在一定程度上,上述解释比较符合现实情况。但我们在现实中也能观察到,并不是所有的管理者都是自利的,或者他们并不是在任何时候都是自利的,心理学也证实了人们往往会有"利他"倾向。在这一点上,传统理论陷入了困境。

管理者过度自信理论的引入,让我们从一个新的视角来分析企业的投资问题。过度自信的管理者的最显著特征是高估收益、低估风险(Merrow et al.,1981;Statman et al.,1985;Malmendier 和 Tate,2003,2005)。在这一心理作用的驱使下,他们在制定并购或自行投资决策时,会乐观地认为自己总能成功,而不考虑可能的风险和客观条件的约束,由此导致企业的高速扩张,这在西方已经得到证明。Lin et al.(2005)以我国台湾公司为样本的研究也发现了同样的结论,说明在这点上欧美人和亚洲人之间是一致的。与传统的完全理性假设不同的是,管理者过度自信理论假设管理者是忠于股东的(Heaton,2002),他们进行投资不是出于自身利益的考虑,只是因为过于自信。

虽然我们尚未看到从心理学角度研究中国人特别是中国企业管理者的过度自信心理,但从我国的传统文化及我国企业在改革开放三十年来的实践来看,中国企业管理者们的过度自信程度可能更大。儒家文化历来被奉为中国文化的圭臬,而儒家文化崇尚的是"君君臣臣"的思想,对领导者的绝对权威强调有余,而对民主决策的重视不足。在中国,几乎无论是在什么类型的组织里,"一把手"基本上具有绝对的权威,这也是我国企业中所谓的"一言堂"现象的根源之一。

中国传统文化所赋予的这种地位使得企业高层管理者高高在上,极易让企业的管理者产生自信心理。同时,由于我国特殊的转型经济背景,出现了众多的"教父"级的国企领导人,他们在带领老国企摆脱困境、冲出重围的过程中起到了中流砥柱的作用,虽然这些老国企后来经过了现代企业制度改革的洗礼,但这些国企领导人的大多数仍然担任新企业的领导人,他们为企业所立下的汗马功劳以及多年的成功更是会加深他们的过度自信心理。当然,这种过度自信心理往往会给企业带来极大损失,我们从众多中国企业经营失败的案例中可以窥见一斑。

但是以上所述只是为中国企业管理者产生过度自信心理提供了一定的条件,这一心理要对企业实践产生实际的影响则需要合适的外部环境,而中国经济转型期间的特定背景恰恰提供了这种环境。虽然经过三十年的改革,我国的经济环境发生了革命性的变化,但从根本上来说,我国的市场经济还是不成熟的市场经济,具体体现在:我国的市场经济还不完善,各种法律法规制度还没有健全,企业真正有效的外部监督约束机制还没有完全形成,而且已有的所谓监督约束机制往往执行不力、流于形式;对企业内部而言,企业完善的内部治理结构和治理机制还没有真正建立,企业的责、权、利的合理分配与相互制约机制等根本性问题还没有解决;经理人市场还没有形成,众多国有或国有控股企业的领导者仍然带有浓厚的官员色彩;国有"一股独大"和国有及法人股不能上市流通等问题,使得公司控制权市场没有形成,难以对公司的管理者行为产生实际的影响,等等。具有中国特色的经济环境犹如肥沃的土壤,使得中国企业管理者的过度自信心理得以在上面生根发芽,对企业实践产生重要甚至是决定性的影响。

另外,就我国经济的重要组成部分民营企业而言,自改革开放以来,由于国家政策的鼓励,以及民营企业自身机制的灵活性,我国民营经济得到了迅猛发展,2005年民营经济在GDP中的比重已由2000年的55%增长到65%左右(蔺萍、李将军,2006)。在我国民营经济高速发展的过程中,出现了许多成功的民营企业和企业家。但是,必须看到,由于我国目前仍处于发展阶段,许多法律法规制度不健全,一些企业的发展可能并非采用市场手段,许多非市场手段在民营企业的发展中起了重要作用,一些腐败案所暴露出来的问题可以对此提供很好的例证。但是,通过非常规手段发展起来的企业的老板可能并没有意识到企业发展的真正原因,而往往容易高估自己的经营管理能力。现实中,这样的例子可谓俯拾即是,我们可以信手拈来许多昙花一现的民营企业家,如德隆的唐氏兄弟、格林柯尔的顾雏军,等等。

概而言之,在法律制度不健全、缺乏约束机制的情况下,多年的成功经历会使得企业管理者们过高地估计他们的能力,自信地认为他们能让企业更快地成长,而忽略了可能的风险,由此带来企业的高速增长。当企业拥有充足的现金流时,管理者有更多的资金用于投资活动,从而导致企业的增长速度更快。因此,我们提出以下待检验的假设:

假设1 与管理者非过度自信的企业相比,管理者过度自信的企业投资规模更大;而且当企业拥有充裕的现金流时,情况更是如此。

Malmendier和Tate(2003)的研究表明,管理者过度自信与企业并购之间存在正相关关系,即管理者越过度自信,越容易发生并购活动。同时,他们发现,在企业存在自由现金流时,过度自信的管理者将投资过度,而在企业没有自由现金流时,过度自信的管理者倾向于投资不足,因为过度自信的管理者认为资本市场低估了公司的价值。但是,我们认为,他们的结论是以美国成熟资本市场公司为例进行研究所得出的,这是成熟的资本市场和完善的法律法规对企业的行为产生了极大的约束所产生的结果。我国相关的制度背景以及公司的实际情况与美国等发达国家相差很大。

众所周知,由于我国资本市场尚处于发展阶段,相关法律法规不健全,公司具有强烈的外部融资冲动,只要有可能,上市公司就会进行外部融资,而且为了达到融资的目的不惜采取财务舞弊手段。在公司融进外部资本时,过度自信的管理者可能采取各种手段进行投资,以实现规模扩张。中国经济的高速发展、市场需求的极大潜力,以及我国国企改制、国有企业退出竞争性领域,为企业扩张打下了很好的基础。因此,只要有机会,企业可能就会进行投资,而且既然内部投资和外部投资都是企业成长的重要渠道,那么过度自信的管理者就会都重视并采用,而不论是采取内部投资还是外部投资方式。基于此,我们提出如下假设:

假设2 管理者过度自信的企业会同时采取激进的内部投资和外部投资方式。

第四节 样本与变量界定

一、样本

研究样本来自深、沪两市2002—2005年间的上市公司。为了消除IPO的影响,我们选择在2001年12月31日以前上市的公司,并且剔除了金融类、ST、PT类公司,最后得到895家公司4年的数据,共3 580个观测值。之所以选择这一样本区间,主要是考虑到在研究中要用到盈利预测数据,而该数据是从2001年才正式开始披露,2002年披露工作开始步入正轨,从数据的客观性和可获得性来看,选择2002年作为样本期间的起点比较合适。

以上述样本为基础,我们收集了样本公司在2002—2005年间的并购数据。在此期间由上市公司作为主并方的并购事件共6 810起,我们剔除其中属于关联交易的并购事件5 703起,最后获得1 107起并购,这些并购正是我们所需要的数据。在这1 107起并购中,涉及328家样本公司,我们将每家公司在同一年度的并购事件进行合并,共得到436个观测值。

盈利预测数据来自天相数据库和手工收集整理,其余数据来自CCER和CSMAR数据库。

二、变量界定

1. 管理者过度自信指标的界定

在本研究中,最大的困难之一在于如何衡量管理者过度自信。这可能也是为什么在 Roll(1986)正式开创管理者过度自信条件下的企业投资研究以后,在很长时间内一直没有直接的实证研究对其进行验证的主要原因之一。从 20 世纪末开始,有些研究者进行了大胆的探索和创新,提出了一些替代变量,主要有如下七种:

(1) CEO 持股状况。这类变量首先由 Malmendier 和 Tate(2003,2005)提出,具体又分为三个变量:(a) 当 CEO 持有一份 5 年期的期权时,如果在这 5 年内至少有两次机会通过转让可以获得 67% 以上的收益,但 CEO 未转让,则认为他是过度自信的;(b) 如果 CEO 将期权持有到期而不转让,则认为他是过度自信的;(c) 如果在样本期间内 CEO 所持有的本企业的股票数净增加,则也认为他是过度自信的。我国学者郝颖等(2005)采用了上述三种变量中的第三种。

(2) 相关的主流媒体对 CEO 的评价。这可能是目前在西方的相关研究中应用最广的方法之一。该方法首先由 Hayward 和 Hambrick(1997)提出,他们搜集了《纽约时报》等主流媒体对样本公司的 CEO 的各种评价,然后将这些评价分为六类,依次是:完全正面的、主要是正面的但有一点负面的、中性的、主要是负面的但有一点正面的、完全负面的、没有评价。他们分别赋予上述六类评价 3、2、1、0、−1、−2 的分值,然后将每个 CEO 的所有分值相加得到最后的分值,并以此作为过度自信的替代变量,分值越高说明越过度自信。

Malmendier 和 Tate(2003)对这一方法进行了修正,他们将主流媒体的评价分为(a) 自信;(b) 乐观;(c) 不自信;(d) 不乐观;(e) 可靠、稳健、务实等五类,然后以此为基础设置了一个哑变量,如果(a) + (b) > (c) + (d) + (e),则取值为 1,说明管理者是过度自信的,否则为 0。

Brown 和 Sarma(2006)则采取比例的形式来衡量。他们将主流媒体的评价分为(a) 自信;(b) 乐观;(c) 可靠、稳健、务实、不自信等三类,然后用((a) + (b))/(c)来衡量 CEO 的过度自信,比例越大,说明越自信。Hribar 和 Yang(2006)、Jin 和 Kothari(2005)等也采用了这种衡量方法。

(3) 企业盈利预测偏差。该方法首先由 Lin et al.(2005)提出,他们认为,过度自信的 CEO 在进行盈利预测时一般会有偏高的倾向,因此可以用盈利预测是否偏高来衡量过度自信。具体做法是：如果"预测值-实际值"大于0，则说明预测值偏高，反之则说明偏低，如果在样本期内偏高次数多于偏低的次数，则说明CEO是过度自信的。

（4）CEO实施并购的频率。该方法由Doukas和Petmezas(2006)提出，他们认为，CEO越自信，发起的并购次数就越多，因此他们将样本期内发起的并购次数多于5起的CEO确定为是过度自信的。

（5）CEO的相对薪酬。该方法由Hayward和Hambrick(1997)提出，他们认为，CEO相对于公司内其他管理者的薪酬越高，说明CEO的地位越重要，也越易过度自信。他们用CEO的现金薪酬除以现金薪酬居第二位的管理者的薪酬来表示。

（6）企业的历史业绩。该方法也由Hayward和Hambrick(1997)提出，用"（并购前12个月内股票价格的增加值+股利）/期初股票价格"表示。这一方法根源于一个研究结论：企业的历史业绩越好，管理者越容易过度自信(Cooper et al.,1988)。

（7）企业景气指数。该方法由余明桂等(2006)提出，他们以国家统计局定期公布的行业景气指数为基础。如果景气指数大于100，则说明企业家是过度自信的；如果景气指数小于100，则说明企业家是悲观的。他们以4个季度的行业景气指数的平均数作为过度自信的替代变量。

不难看出，上述这些替代变量都具有一定的主观性，但在目前尚无更好的解决办法的情况下，这些替代变量也不失为一个选择。从数据的可获得性及我国证券市场的特殊情况出发，我们选择了以下两个变量来衡量管理者过度自信。

第一个替代变量是根据上市公司的盈利预测是否变化来判断上市公司的管理者是否过度自信(CON_1)。Hribar和Yang(2006)用美国公司的数据研究后发现，过度自信的管理者在进行盈利预测时更容易出现高估偏差。Lin et al.(2005)用台湾地区的数据也发现了同样的结果。这表明，在该方面欧美人和亚洲人是相同的。

我国的上市公司盈利预测制度始于1993年，但当时主要是针对IPO公司。从1998年开始，中国证监会要求预计连续3年亏损或当年有重大亏损的公司要及时对这一情况进行披露，但披露的公司数非常少。在2001年，深圳证券交易所和上海证券交易所均颁布了《关于做好2001年中期报告工作的通知》和《关于做好上市公司2001年年度报告工作的通知》。前者要求，如果预计2001年将出现亏损或盈利水平出现大幅下降的，上市公司应当在7月31日前发布预亏公告或业绩预警公告；后者要求，在2001年会计年度结束后，如果上市公司预计可能发生亏损或与上年相比利润总额的变化幅度在50%或以上的，应在年度结束后30个工作日内发布预亏或预警公告，并要求说明原因。在2002年，又将范围扩展到季报。从2002年开始，大批的上市公司开始发布盈利预测公告。为了防止上市公司通过操纵盈利预测扰乱市场，监管部门颁布了一系列规定，对盈利预测偏差进行了限制。例如，1996、1997年连续发布通知规定，如果实际盈利低于预测盈利10%以上，上市公司及其聘任的注册会计师都要受到处罚。随着处罚力度的加大，上市公司盈利预测的偏差越来越小，但偏差还是存在。前已述及，过度自信的管理者喜欢高估收益，因此，对那些宁愿冒被处罚的风险而高估盈余的公司而言，除了那些不可控制的因素之外，管理者的过度自信心理也是其中一个很重要的因素。

我们选择2002—2005年披露了一季报、半年报、三季报及年报盈利预测的公司作为样本选择的对象。从盈利预测类型来看，主要有预亏、预盈、预增、减亏和预降等形式，对于预增和预降两种类型，有些公司公布了变化幅度，如"增长50%以上"、"增长50%—100%"等，而有些公司只使用了"较大幅度"等较模糊的表述。我们统计了这些盈利预测信息，并且规定，如果公司在样本期内至少有一次实际的盈利水平低于预测的盈利水平，则将该公司的管理者定义为过度自信。实际盈利低于预测的类型共有三种：（1）预盈，但实际亏损；（2）预增，但实际盈利下降；（3）预增，但增长幅度低于预测的幅度。在盈利预测中，实际上有部分属于"预告"性质，而非严格意义上的预测，借鉴张翼、林小驰（2005），如果预测信息披露时间在披露对象期间结束之前，则将其定义为预测；如果预测信息披露时间在披露对象期间结束之后，则将其定义为预告。对于盈利预告而言，在预告时管理层已经知道了实际盈利的情况，难以反映管理层的过度自信特征，因此，我们对预告样本进行了剔除。同时，为了确保结果的稳健性，我们剔除了如下一些样本：（1）为了消除样本公司出于再融资目的而高估盈利的行为的影响，参照Lin et al. (2005)的做法，我们剔除了在盈利预测后的一年内进行了再融资的样本；（2）为了消除高管变动对企业的影响，我们剔除了在样本期内董事长或总经理发生了变更的样本。另外，我们还考虑了其他一些可能的高估盈利动机，例如，一些公司可能会与机构投资者等合谋，通过高估盈利操纵股价进行套现，我们根据证监会、证券交易所的惩罚公告对上述样本进行了检查和剔除。表3-1列出了这一变量的描述性统计。

表 3-1 管理者过度自信变量的描述统计

Panel A 以盈利预测偏差衡量

	2002	2003	2004	2005	合计
样本中发布盈利预测的公司数	423	495	475	561	1 954
至少有一次盈利预测值大于实际值的公司	28	27	16	17	88
减:在发布盈利预测一年内进行了再融资的公司	3	0	2	2	7
样本期内董事长或总经理发生了变更的公司	2	0	1	3	6
会计期间结束后会计报告前进行盈利预测的公司	9	10	2	11	32
最后得到的样本	14	17	11	1	43

Panel B 以高管相对薪酬衡量

	2002	2003	2004	2005	总体
均值	0.358	0.374	0.4	0.414	0.387
中位数	0.349	0.367	0.387	0.394	0.374
最大值	0.890	0.850	0.900	0.900	0.900
最小值	0.087	0.048	0.076	0.025	0.025
标准差	0.139	0.148	0.14	0.143	0.144

Panel C 两个变量之间的相关性(spearman)　0.131(3.831)

从表 3-1 的 Panel A 中可以看出,在 895 家公司中,从 2002—2005 年至少进行了一次盈利预测的公司分别有 423、495、475 和 561 家,共 1 954 家,基本上都占全样本的一半以上。其中至少有一次盈利预测值大于实际值的公司分别有 28、27、16 和 17 家,共 88 家。在剔除盈利预测后一年内进行了再融资、样本期内董事长或总经理发生了变更以及在会计期间结束会计报告前进行盈利预测的样本后,共得到 43 家公司,这 43 家便是本章所界定的过度自信样本。

我们用高管薪酬的相对比例作为第二种方法来衡量管理者过度自信(CON_2)。已有研究表明,CEO 相对于公司内其他管理者的薪酬越高,说明 CEO 的地位越重要,也越易过度自信(Hayward 和 Hambrick,1997)。Brown 和 Sarma(2006)发现,管理者的薪酬比例越高,他的控制力(dominance of power)越强。出于数据的可获得性,我们选择用"薪酬最高的前三名高管薪酬之和/所有高管的薪酬之和"来表示。[①] 该值越高,说明管理者越过度

---

① 我国上市公司的会计报告中只披露薪酬最高的前三位高管的薪酬之和以及全部高管薪酬之和,因此,我们不能像 Hayward 和 Hambrick(1997)那样采用管理者中第一高的薪酬与第二高的薪酬的比例来衡量,只能退而求其次,用"薪酬最高的前三名高管薪酬之和/所有高管的薪酬之和"来表示。尽管各公司的高管数目各不相同,但是,如果我们假定前三位高管为公司的最高管理者(或团队),而把所有高管视为一个团队,那么该指标也能在一定程度上反映出最高管理者(甚至我们也可以直接说前三位高管)在整个管理团队中的重要性(从而各个公司在此基础上可以进行一定的比较),而其与 Hayward 和 Hambrick(1997)的思想也相符合。

自信。表 3-1 的 Panel B 部分列出了该变量的描述统计。

我们统计了这两种方法所衡量的变量之间的 spearman 相关系数(见表 3-1 的 Panel C)。从结果来看,两者的相关系数为 0.131,在 1% 水平显著,表明两个变量之间存在显著的正相关关系,从而说明这两个变量的设置是比较合理的。

2. 企业投资及控制变量的界定

企业投资包括内部投资和外部投资两种类型。我们用并购作为外部投资的替代变量,具体包括:并购金额(MA)、是否并购哑变量(MADUM);我们借鉴 Richardson(2006),将内部投资额(NBTZ)表示为:(支付的构建固定资产、无形资产等的现金 – 出售固定资产、无形资产等收回的净现金 – 当年折旧额)/年末总资产 × 100%[①];企业总投资(INVEST)等于并购金额和内部投资额之和。同时,为了研究上述两种投资方式之间的关系,我们设置了"并购是否大于内部投资"哑变量(MADNBTZ)及"并购金额占总投资的比重"(MAINVEST)等两个变量。需要说明的是,因为本章研究的是企业投资问题,所以我们剔除了上述投资变量中的负值。

根据相关理论及文献,我们设置了一些控制变量:

企业的实际控制人类别(CONTROL):Jensen 和 Meckling(1976)认为,提高对企业有控制权的内部股东的股权比例,能有效地产生管理激励,降低代理成本,提高企业价值。Shleifer 和 Vishny(1997),La Porta 等(1998;2000),孙永祥、黄祖辉(1999),陈小悦、徐晓东(2001)等国内外学者基于不同的研究对象,都得出了股权结构影响企业价值或绩效的研究结论。股权结构中国上市公司的一个显著特点就是多数由国有股东控制。徐莉萍、辛宇和陈工孟(2006)认为,中国国有控股上市公司更多地面临着管理层私利(managerial entrenchment)行为产生的风险,即国有控股上市公司和非国有控股上市公司在代理问题上存在着显著的差异。而国有企业和民营企业由于代理问题等方面的差异,会造成企业投资行为的差异(欧阳凌、欧阳令南、周红霞,2005)。我们控制了该因素,如果控股股东为国有取值为 0;反之,则取值为 1。

高管持股比例(HOLD):相关研究表明,经理人员持股有利于将经理人员的利益与股东利益紧密地联系在一起,可以有效地防止经理人员的道

---

① 也有的学者在计算企业内部投资时不扣除当年折旧,在研究的过程中,我们也以不扣除折旧的方法计算了企业内部扩张。我们发现,两者所得到的结果基本一致。

德风险,激励经理人员努力工作以实现股东价值最大化目标(Jensen et al,1990)。经理人持股作为一种长效激励机制,与工资、奖金、福利等激励方式一起,成为西方发达国家经理人薪酬的重要组成部分。近年来,上市公司对经理人持股的探索也进入加速发展阶段。研究发现,高管的持股比例越大,企业投资越多(Malmendier 和 Tate,2005;郝颖、刘星、林朝南,2005)。我们用所有高管的持股比例来衡量该变量。

独立董事规模(DDSIZE):作为一种公司治理手段,独立董事的存在应该能够产生抑制管理者出于私利考虑所进行的高速扩张进而导致企业风险加大效应。Williamson(1985)认为,经理担任董事很容易把董事会变成管理阶层的工具,引入独立董事可以保证董事会对公司的基本控制关系不因管理阶层的介入而受到影响。Gugler et al. (2003)认为,独立董事在董事会的投资决策会议中发挥着重要作用,他们能够利用其专业特长和高度的责任感遏制企业高层管理人员的盲目投资行为。Hermalin 和 Weisbach(2003)对相关实证研究所做的综述表明,在 CEO 更换、敌意收购、毒丸策略和 CEO 薪酬制定等各方面的决策行为上,独立董事比例越高,董事会的决策行为越有利于公司的发展。基于中国上市公司的研究,何卫东(2003)的研究表明,上市公司独立董事在决策参与方面发挥着重要作用。在文中,该变量用独立董事人数占董事会总人数的比例衡量。

成长性(GROW):企业的成长性越高,表明企业所面临的发展机会越多,从而企业的投资水平越高。一般来说,与成熟性和衰退性企业相比,成长性越高的企业其扩张速度也就越快。我们用(上年主营业务收入－前年主营业务收入)/上年初总资产的比例来衡量企业的成长性。

母公司是否是集团公司(JT):国内众多的上市公司都存在集团性质的母公司,母公司往往会通过利益输送影响上市公司(刘峰、贺建刚、魏明海,2004),从而会对上市公司的投资行为造成影响。为此,我们设置哑变量对该因素进行控制,如果上市公司的母公司是集团公司则取1,否则为0。

资产属性(WXZC):无形资产规模代表了企业在研发方面的投入,企业研发投入会推动后续的投资。Rubin(1973)基于资源理论提出了一个企业投资扩张的理论模型,并提出当企业具有较强的专业能力时,例如拥有一个强而有力的 R&D 或者财务部门时,企业更可能选择并购。这表明企业的资源状况将影响企业投资以及投资方式的选择。我们用年初无形资产余额/年初总资产衡量该变量。

投资机会(Tobin's Q):投资机会越多,企业投资额也会越多(Malmendier 和 Tate,2005)。该变量用(年初流通股数价值 + 年初未流通股数账面价值 + 负债的账面价值)/年初总资产账面价值衡量。

负债比例(DEBT):根据 Jensen(1986)的自有现金流理论,负债会抑制企业的投资行为。该指标用总负债与总资产的比值衡量。

现金流(CF):现金流越多,企业有越多的资源用于投资。同时,根据 Jensen(1986)的自有现金流理论,企业的自由现金流越多,越有可能进行有损于股东价值的扩张活动。我们用上期净现金流量/年初总资产衡量该指标。

企业规模(SIZE):企业规模越大,企业可支配的资源越多,企业可能投资规模越大。Dubin(1976)发现,企业规模与企业投资方式的选择具有相关性。我们用企业年初总资产的自然对数衡量该指标。

此外,我们还控制了行业和年度因素。其中,行业(IND),根据我国证监会划分的 13 个行业,去除金融业后,以农业为基准,设置 11 个行业哑变量。年度(YEAR)以 2002 年为基准,设置 3 个年度哑变量。

第五节 管理者过度自信与企业投资行为

在以上讨论的基础上,我们利用分组检验和回归分析方法,实证检验了管理者过度自信对企业投资行为的影响。

一、分组检验

我们首先以管理者过度自信与否作为分组标准,将全部样本分为过度自信组和控制组,然后对企业投资特征进行了分组检验。结果如表 3-2 所示。

Panel A 部分以 CON_1(盈余预测偏差)衡量管理者过度自信,用 1 表示过度自信组,0 表示控制组,分别检验了这两组中并购金额(MA)、内部投资(NBTZ)和总投资(INVEST)是否存在显著差异,检验方法包括 t 检验和 Wilcoxon 检验。

表 3-2　管理者过度自信与企业投资特征的分组检验

Panel A:管理者过度自信变量为 CON_1

	CON_1	均值	中位数	t 检验	Wilcoxon 检验
MA	1	1.351	0.715		
	0	1.836	0.941	-0.729	-0.282
NBTZ	1	6.517	4.485		
	0	5.514	3.242	2.317**	1.912*
INVEST	1	6.486	6.429		
	0	5.528	4.372	2.266**	1.721*

Panel B:管理者过度自信变量为以 CON_2 为基础的二分变量($CON>50\%$ 取 1,其余取 0)

	CON_2	均值	中位数	t 检验	Wilcoxon 检验
MA	1	1.478	0.848		
	0	1.633	0.894	-1.152	-0.797
NBTZ	1	8.454	6.845		
	0	5.22	3.294	8.389***	10.321***
INVEST	1	8.637	6.929		
	0	5.444	3.564	8.263***	10.033***

注:*、* *、* * * 分别表示在 10%、5%、1%水平显著。

从表 3-2 中可以看出,对并购金额而言,管理者过度自信组的均值和中位数皆小于控制组,但两类检验都不显著;而对内部投资和总投资而言,管理者过度自信组的均值和中位数皆大于控制组,且两类检验都是显著的。上述结果初步说明,管理者过度自信的公司总体投资规模及内部投资规模要显著大于其他公司,而在外部投资即并购规模方面,两者之间的差异并不显著。

在 Panel B 部分,我们将第二个管理者过度自信变量 CON_2(管理者的相对薪酬)按 50% 进行了分组,该变量大于 50% 取 1,其余取 0,然后按 Panel A 部分的方法进行了分组检验,从检验结果来看,与 Panel A 部分基本一致,说明上述结论是稳健的。

二、回归分析

我们分别以并购金额(MA)、是否并购哑变量(MADUM)、内部投资(NBTZ)和总投资(INVEST)作为被解释变量,以 CON_1 及其与 CF 的交叉项作为解释变量进行了回归,从而形成四个模型。控制变量包括实际控制人类别、董事会规模、独立董事规模、公司成长性、母公司是否是集团公司、投资机会、上市年限、负债比例、现金流、企业规模、行业及年度。其中,模型1、3、4是OLS回归,模型2是Logit回归。表3-3报告了以CON_1表示的管理者过度自信与企业投资特征的回归结果。

表3-3 管理者过度自信与企业投资特征的回归结果(一)

	MA		MADUM		NBTZ		INVEST	
	系数	t	系数	Z	系数	t	系数	t
截距项	-0.273	-0.56	-8.768	-5.71***	-25.137	-8.53***	-25.293	-8.46***
CON_1	-0.048	-0.81	-0.184	-0.89	0.713	2.02**	0.669	1.87*
$CON_1 \times CF$	-0.186	-0.26	1.888	0.70	6.540	2.48**	6.314	2.21**
CF	0.356	1.86*	0.982	1.50	2.974	2.55**	3.366	2.84**
Tobin's Q	-0.017	-0.34	0.048	0.30	0.752	2.49**	0.752	2.46**
GROW	0.003	1.50	0.004	0.89	-0.010	-0.90	-0.007	-0.64
WXZC	-0.142	-0.50	0.988	1.16	4.091	2.37**	3.954	2.26**
JT	0.000	1.71*	-0.261	-2.09**	-0.161	-0.65	-0.173	-0.69
DEBT	-0.031	-0.49	-0.215	-0.89	-1.707	-4.11***	-1.736	-4.12***
SIZE	0.032	1.64*	0.353	5.36***	1.433	11.43***	1.461	11.5***
CONTROL	0.149	3.75***	0.587	4.92***	0.558	2.33**	0.713	2.94**
HOLD	0.001	0.49	0.010	2.04**	0.038	3.05**	0.039	3.08**
DDSIZE	-0.010	-0.04	0.559	0.69	2.363	1.54	2.318	1.49
IND	控制		控制		控制		控制	
YEAR	控制		控制		控制		控制	
F	2.77***		CHI2	138.25***	F	17.47***	F	17.01***
Adj-R^2	0.013		Pseudo-R^2	0.05	Adj-R^2	0.12	Adj-R^2	0.12

注:*、**、***分别表示在10%、5%、1%水平显著。

从前两个模型的结果来看,CON_1的回归系数都为负,但不显著,$CON_1 \times CF$的系数也不显著。而在后两个模型中,CON_1及$CON_1 \times CF$的回归系数都显著为正。由此可以看出,管理者过度自信的公司在内部投资和总投资方面显著高于其他公司,在企业有充裕的现金流时,更是如此,而其对外部投资规模的影响并不显著,这一结果与上面分组检验的结果基本一致。

在表3-4中,我们用CON_2替代表3-3中的CON_1作为管理者过度自信变量,对上述模型重新进行了回归分析,结论和表3-3基本一致,说明上述结论是稳健的,从而验证了假设1,即过度自信管理者所在公司的投资规模更大。此外,从表3-3和表3-4还可以看出,公司实际控制人类别变量(CONTROL)和四个企业投资变量之间都呈显著正相关关系,说明非国有控股的公司投资规模更大。

表 3-4 管理者过度自信与企业投资特征的回归结果(二)

	MA		MADUM		NBTZ		INVEST	
	系数	t	系数	Z	系数	t	系数	t
截距项	-0.429	-0.85	-8.946	-5.5***	-24.171	-7.92***	-24.550	-7.95***
CON_1	-0.111	-0.86	-1.085	-2.45**	1.203	1.65*	1.158	1.67*
$CON_1 \times CF$	-0.684	-0.52	7.656	1.73*	8.625	2.04**	7.709	1.92*
CF	0.546	0.96	-2.052	-1.16	-0.405	-0.11	0.250	0.07
Tobin's Q	0.027	0.52	0.121	0.71	0.776	2.48**	0.819	2.58**
GROW	0.003	1.73*	0.006	0.97	-0.010	-0.88	-0.007	-0.59
WXZC	-0.062	-0.21	1.198	1.34	4.753	2.65***	4.784	2.64***
JT	-0.021	-0.51	-0.277	-2.13***	-0.166	-0.66	-0.199	-0.78
DEBT	-0.040	-0.61	-0.251	-0.99	-1.721	-4.05***	-1.759	-4.09***
SIZE	0.040	1.87*	0.369	5.34***	1.367	10.62***	1.405	10.79***
CONTROL	0.128	3.17***	0.577	4.61***	0.533	2.19**	0.670	2.72***
HOLD	0.001	0.56	0.010	2.10**	0.037	3.03***	0.038	3.09***
DDSIZE	-0.017	-0.06	0.840	0.99	2.408	1.53	2.325	1.46
IND	控制		控制		控制		控制	
YEAR	控制		控制		控制		控制	
	F	2.54***	CHI2	134.52***	F	15.47***	F	15.22***
	Adj-R^2	0.013	Pseudo-R^2	0.06	Adj-R^2	0.11	Adj-R^2	0.11

注:*、* *、* * *分别表示在10%、5%、1%水平显著。

三、进一步的分析

从表3-3和表3-4的实证研究结果,我们可以看出,过度自信的管理者更偏好通过内部投资的方式进行扩张,这与已有的研究(Roll,1986;Malmendier 和 Tate,2003、2005;Doukas 和 Petmezas,2006;Brown 和 Sarma,2006,等等)以及人们的直观感觉存在一定的差异。对此,我们进行了进一步的检验。

我们分别用并购金额是否大于内部投资金额哑变量(MADNBTZ)及并购金额占总投资的比重(MAINVEST)作为被解释变量,分别用 CON_1 和 CON_2 及它们与 CF 的交叉项作为解释变量,进行了回归分析。回归分析的结果见表3-5。前两个模型的被解释变量为 MADNBTZ,解释变量分别为 CON_1、$CON_1 \times CF$ 及 CON_2、$CON_2 \times CF$;后两个模型的被解释变量为 MAINVEST,解释变量分别为 CON_1、$CON_1 \times CF$ 及 CON_2、$CON_2 \times CF$。前两个模型是 Logit 模型,后两个模型是 Tobit 模型。

表 3-5　管理者过度自信与企业投资方式的选择

	MADNBTZ		MADNBTZ		MAINVEST		MAINVEST	
	系数	t	系数	Z	系数	t	系数	T
截距项	11.719	5.91***	10.712	5.10***	-0.059	-0.73	-0.062	-0.72
CON_1	-0.370	-1.36			-0.003	-0.26		
$CON_1 \times CF$	-3.842	-1.41			0.042	0.34		
CON_2			0.282	0.59			-0.054	-2.50**
$CON_2 \times CF$			-2.544	-0.63			1.029	1.61
CF	-0.141	-0.25	0.716	0.40	-0.056	-1.77*	-0.487	-5.07***
Tobin's Q	-0.431	-2.41***	-0.498	-2.53***	0.002	0.20	0.008	0.87
GROW	0.005	1.11	0.005	1.22	0.001	4.26***	0.002	4.46***
WXZC	-0.180	-0.18	0.175	0.17	-0.061	-1.29	-0.044	-0.89
JT	-0.015	-0.10	0.030	0.19	-0.003	-0.45	-0.004	-0.57
DEBT	0.716	3.84***	0.829	4.21***	0.008	0.72	0.004	0.33
SIZE	-0.621	-7.16***	-0.579	-6.38***	0.006	1.90*	0.007	1.96**
CONTROL	0.316	2.31**	0.277	1.90*	0.020	3.11***	0.020	2.96***
HOLD	-0.189	-1.34	-0.210	-1.38	0.000	-0.13	0.000	-0.09
DDSIZE	-0.687	-0.72	-0.675	-0.66	-0.072	-1.67*	-0.066	-1.48
IND	控制		控制		控制		控制	
YEAR	控制		控制		控制		控制	
CHI2	181.52***		158.98***		98.14***		126.94***	
Adj-R^2	0.09		0.09		0.06		0.06	

注：*、**、***分别表示在10%、5%、1%水平显著。

从表3-5中可以看出,在上述四个模型中,除模型4外,用两个变量表示的管理者过度自信变量及它们与现金流的交叉项的回归系数都不显著,说明管理者过度自信的公司主要是通过内部投资方式进行扩张的,而较少采用外部并购的方式。综合表3-3、表3-4和表3-5的结论,假设2只是部分得到验证,具体而言,我们发现了充分的证据支持我国上市公司采取激进的内部投资方式的假设,但没有发现证据支持采取激进的外部投资方式的假设。对此,我们认为其可能的原因有以下几个方面：

首先,我国的控制权市场还不成熟,因此,并购并没有作为一种有效配置资源的方式在我国发挥作用。例如,现实中,我们很难看到民营企业作为被并购对象；再如,占有上市公司很大比例的国有股权属于非流通(全流通问题近两年刚刚解决),在这样的市场上,并购的发生是很难进行的。

其次,我国目前特殊的制度背景：近年来,我国国有企业在进行大规模改制,这为企业通过并购实现扩张提供了很好的机会。但是,参与国有企业改制所实施的并购带有强烈的非市场化动机。在国企改制过程中,当地政府往往在其中充当着指挥者的角色,为了让本地区的企业实现上市、脱困等目标,往往强制性地"拉郎配"。我们对研究区间的并购事件发生的区域进行分析,结果表明,2002—2005年,并购事件发生在同一省内的比例分别占54.2%、57.7%、46.3%和54.1%,而这些发生在同一省内的并购事件更多的是发生在同一市内,比例分别为75%、66.7%、77.4%和80.2%。同时,在我国目前"国退民进"的大背景下,众多国有企业被低价卖给非国有股东,在这方面,从著名学者郎咸平所做的大量案例研究中可以窥见一斑。

最后,公司并购与公司组织结构可能是相关的。根据表3-4中的模型2,我们发现,如果上市公司属于一个集团,越不可能发生并购。也就是说,整合资源的功能可能发生在集团层面,而不是在上市公司本身。

第六节 拓展研究之一:从财务困境视角的考察

企业合理的投资规模和扩张速度将为企业带来价值,而过度投资将为企业带来损失,甚至导致企业陷入困境。Higgins和Schall(1975)认为,并购可能加大企业的破产风险。Mueller(1977)在一篇综述中指出,基于市场的风险研究结果表明,并购之后升高的贝塔值意味着并购的结果是使得整个企业具有更高的风险与波动性。对于管理者过度自信的企业来说,它们的投资规模可能是在不考虑自身及市场的实际情况下盲目进行的;同时,我国资本市场的不成熟及公司治理结构的不健全,又难以对这种盲目投资起到有效的约束作用,所有这些可能会造成企业投资的低效性。而且,前已述及,过度自信的管理者的最显著特征是高估收益、低估风险,那些过度自信的管理者在企业投资的过程中过于重视扩张的规模和速度,往往会低估风险,或忽略对企业风险的控制。因此,对于管理者过度自信的企业来说,所进行的投资可能会对企业风险产生负面影响,即它可能增大了企业风险,加大了企业陷入财务困境的可能性。为此,我们首先从企业财务困境这一视角,对过度自信的管理者选择的投资方式所导致的经济后果进行实证检验。

从前文的实证结果我们也可以看出,管理者过度自信的企业在投资规模上要显著大于其他企业,由此引出另外一个问题:由管理者过度自信所导致的投资是否影响企业的风险,进而对企业陷入财务困境产生影响?为此,我们进行了相应的回归分析。

对于企业财务困境变量,我们用 Z 指数[①]加以衡量,其计算公式为:$(0.012\times$营运资金/总资产$+0.014\times$留存收益/总资产$+0.033\times$息税前利润/总资产$+0.006\times$股票总市值/负债账面价值$+0.999\times$销售收入/总资产$)\times 100$。该值直接取自聚源数据库,Z 值越大,说明财务状况越好,越不容易陷入财务困境。根据 Altman 模型,美国企业的 Z 值的临界值为 1.8。近年来,澳大利亚、巴西、加拿大、法国、德国、爱尔兰、日本和荷兰都进行了类似的分析。尽管 Z 值的判断标准在各国间有相当的差异,但各国"财务失败组"的 Z 值的平均值都低于临界值 1.8。我们以 1.8 为临界值,来判断企业的财务困境状况并设置哑变量,如果 Z 指数大于 1.8,我们将 Z 取 1,否则取 0。

一、模型设定

从要解决的问题来看,这里主要涉及三个变量:企业财务困境、企业投资与管理者过度自信,而这些变量中的任何两个变量之间都可能存在相互的因果关系。例如,企业投资会影响到企业陷入财务困境的可能性,而企业财务困境又可能影响企业投资;管理者过度自信会影响企业投资,而企业投资又可能反过来影响管理者过度自信。在这种情况下,如果用单一方程进行回归分析,可能会出现偏差。鉴于此,我们采用联立方程模型进行分析。建立的联立回归方程组如下:

$$Z = \alpha_0 + \alpha_1 \text{CON}_i + \alpha_2 \text{INVEST} + \alpha_3 \text{INVEST} \times \text{CON}_i \\ + \alpha_4 \text{CONTROL} + \alpha_5 \text{HOLD} + \alpha_6 \text{DDSIZE} + \alpha_7 \text{GROW} \\ + \alpha_8 \text{DEBT} + \alpha_9 \text{SIZE} + \sum \alpha_{1i} \text{IND}_i + \sum \alpha_{2j} \text{YEAR}_j + \varepsilon \quad (1)$$

$$\text{INVEST} = \beta_0 + \beta_1 \text{CON}_i + \beta_2 \text{CON}_i \times \text{CF} + \beta_3 Z_{-1} + \beta_4 \text{CF} \\ + \beta_5 \text{Tobin's } Q + \beta_6 \text{CONTROL} + \beta_7 \text{HOLD} + \beta_8 \text{DDSIZE} \\ + \beta_9 \text{GROW} + \beta_{10} \text{WXZC} + \beta_{11} \text{JT} + \beta_{12} \text{DEBT}$$

---

① 纽约大学斯特恩商学院教授 Edward Altman 在 1968 年就对美国破产和非破产生产企业进行观察,采用了 22 个财务比率经过数理统计筛选建立了著名的 5 变量 Z-score 模型。Z-score 模型是以多变量的统计方法为基础,以破产企业为样本,通过大量的实验,对企业的运行状况、破产与否进行分析、判别的系统。Z-score 模型在美国、澳大利亚、巴西、加拿大、英国、法国、德国、爱尔兰、日本和荷兰得到了广泛的应用。该指标越小,企业风险越大,反之亦然。如果 $Z>2.675$,表明财务状况良好;如果 $Z\leqslant 1.8$,则表明企业存在很大的破产风险;Z 值位于两者之间,则处于灰色地带。

$$+ \beta_{13}\text{SIZE} + \sum \beta_{1i}\text{IND}_i + \sum \beta_{2j}\text{YEAR}_j + \varepsilon \quad (2)$$

$$\text{CON}_i = \gamma_0 + \gamma_1 \text{INVEST}_{-1} + \gamma_2 Z_{-1} + \gamma_3 \text{CONTROL} + \gamma_4 \text{HOLD}$$
$$+ \gamma_5 \text{DDSIZE} + \gamma_6 \text{DEBT} + \gamma_7 \text{SIZE} + \gamma_8 \text{GENDER}$$
$$+ \gamma_9 \text{GGAGE} + \sum \gamma_{1i} \text{IND}_i + \sum \gamma_{2j} \text{YEAR}_j + \varepsilon \quad (3)$$

其中,方程(1)为风险方程,被解释变量为企业财务困境风险,用哑变量 Z 表示。解释变量包括管理者过度自信 CON_i、企业总投资 INVEST 及其与管理者过度自信变量 CON_i 的交叉项,用以考察企业投资对企业风险的影响以及管理者过度自信对企业投资—企业风险关系的影响。在该方程中还控制了其他一些影响因素,包括:实际控制人类别,因为国有企业和民营企业代理问题的不同可能会造成它们的风险出现差异;高管持股比例和独立董事规模:作为公司治理手段,高管持股比例的高低以及独立董事规模的大小将影响企业代理成本的大小,从而影响企业的风险;成长性:成长越快的企业可能面临更多的不确定性,进而增加企业的风险;债务比例:负债越多,企业陷入财务困境的可能性越大;企业规模:规模越大,企业的抗风险能力越强;此外,还控制了行业和年度变量,因为不同行业的企业以及同一企业在不同年度风险可能存在差异。

方程(2)是企业投资方程,被解释变量为企业总投资 INVEST。解释变量为管理者过度自信及其与现金流的交叉项和上期风险 Z_{-1},用以考察管理者过度自信及企业上期风险对企业投资的影响。之所以采用上期风险变量,是因为根据企业风险调整投资战略有一定的滞后性,企业投资可能更多的是受企业以前年度风险的影响。在该方程中还包括了现金流、投资机会、实际控制人类别、高管持股比例、独立董事规模、成长性、无形资产比重、是否有集团公司作为母公司、债务比例、规模、行业以及年度等控制变量。我们可以看出,和本章前面的回归模型相比,目前的模型中只是增加了企业的上期风险,这样,我们也可以将前后模型的回归结果进行比较,验证结论的稳健性。

方程(3)是管理者过度自信方程,被解释变量为管理者过度自信 CON_i。解释变量为上期投资 INVEST_{-1} 及上期风险 Z_{-1},用以考察历史投资规模与历史风险对管理者过度自信心理的影响。在模型中控制如下一些变量:公司治理变量包括实际控制人类别、高管持股比例和独立董事规模,公司治理的好坏可能会限制或增强管理者的过度自信程度;债务比例,在不同的债务约束下,管理者的过度自信程度会有所变化;企业规模,企业规模越大,管理者可能越容易产生自信心理;行业和年度,对于不同行业、不同期间的企业来说,管理者的过度自信程度可能是不同的。此外,我们还控制了管理者个人特征变量,包括管理者性别与年龄,对性别变量而言,1表示男性;0表示女性,根据现有研究,管理者的背景对其过度自信程度有着显著的影响(Malmendier 和 Tate,2005)。

二、实证结果

我们采用三阶段最小二乘法(3SLS)对上述方程组进行了回归分析,结果见表3-6和表3-7。其中,表3-6中的管理者过度自信变量为 CON_1,表3-7中为 CON_2。

表3-6 管理者过度自信与企业投资—风险联立方程回归结果(一)

	风险方程		投资方程		过度自信方程	
	系数	Z	系数	Z	系数	Z
截距项	0.271	1.52	−15.911	−3.89***	1.441	3.53***
CON_1	−2.932	−3.01***	10.555	13.10***		
$CON_1 \times INVEST$	−0.134	−4.40***				
INVEST	0.064	2.37**				
$INVEST_{-1}$					0.091	13.86***
Z_{-1}			7.523	1.73*	−0.059	−0.33
$CON1 \times CF$			3.535	2.31**		
CF			0.276	1.68*		
Tobin's Q			−0.107	−0.09	−0.140	−2.43**
CONTROL	−0.119	−2.40**	0.896	2.61***	−0.084	−2.63***
HOLD	−0.081	−2.65***	0.685	2.90***	−0.049	−2.35**
DDSIZE	0.010	0.03	1.032	0.43	−0.258	−1.24
GROW	−0.001	−0.04	0.003	0.73		
WXZC			4.970	1.22		
JT			−0.609	−1.23		
DEBT			−0.013	−0.001	0.361	2.75***
SIZE			0.837	4.79***	−0.088	−4.64***
GENDER					−0.046	−0.89
GGAGE					−0.001	−1.18
IND	控制		控制		控制	
YEAR	控制		控制		控制	
CHI2	79.80***		814.93***		265.30***	
R^2	0.20		0.10		0.10	

注:*、**、***分别表示在10%、5%、1%水平显著。

表 3-7 管理者过度自信与企业投资—风险联立方程回归结果（二）

	风险方程		投资方程		过度自信方程	
	系数	Z	系数	Z	系数	Z
截距项	-0.186	-0.33	-89.291	-6.47***	0.532	5.40***
CON_2	-2.434	-1.71*	6.019	8.03***		
$CON_2 \times INVEST$	-0.140	-2.39**				
INVEST	0.058	0.76				
$INVEST_{-1}$					0.006	8.27***
Z_{-1}			2.108	0.12	0.261	0.71
$CON_2 \times CF$			4.859	2.76***		
CF			9.689	1.18		
Tobin's Q			-1.890	-0.40	-0.030	-1.97*
CONTROL	-0.068	-1.93*	-1.393	-1.42	0.015	1.76*
HOLD	-0.004	-2.18**	1.698	2.21**	-0.007	-1.23
DDSIZE	0.047	0.19	-13.809	-2.12**	0.050	0.91
GROW	0.000	-0.04	0.001	0.02		
WXZC			2.147	1.29		
JT			-2.360	-1.46		
DEBT			2.061	0.19	0.086	2.72***
SIZE			2.875	4.00***	-0.020	-4.59***
GENDER					-0.015	-1.20
GGAGE					0.000	-0.96
IND	控制		控制		控制	
YEAR	控制		控制		控制	
CHI2	106.44***		241.30***		302.92***	
R^2	0.20		0.20		0.30	

注：*、* *、* * * 分别表示在10%、5%、1%水平显著。

根据以上回归结果我们可以发现，首先，从财务困境方程来看，在表3-6中，企业投资的回归系数显著为正，说明在其他因素不变的情况下，管理者非过度自信企业的投资能降低企业陷入财务困境的可能性。企业投资与管理者过度自信的交叉项的系数都显著为负，INVEST 和 $CON_1 \times INVEST$ 的系数之和"$\alpha_2 + \alpha_3$"为 -0.07，F检验在5%水平显著，表明管理者过度自信企业所进行的投资会加大企业陷入财务困境的可能性。表3-7的结果基本一致，表明这一结论是稳健的。

从投资方程来看，在表3-6和表3-7中，管理者过度自信变量及其与现金流的交叉项的系数都显著为正，这一结果和前文的结果一致，表明在控制了内生性后，结果还是保持稳定，再一次证明了本章以上研究结论的稳健性。上期财务困境的回归系数都为负,但不显著,表明上期风险对企业投资没有显著影响。

从过度自信方程来看,上期投资的回归系数均显著为正,两张表中的显著性水平都达到了1%,表明企业过去的投资规模越大,管理者越容易过度自信。而企业上期的财务困境状况对管理者过度自信没有显著影响,说明对中国企业管理者而言,更关心的是企业的规模,而非风险,这一结论符合中国企业的现实。在实践中,我们可以发现,众多企业的成长速度很快,但很容易经营失败。

三、稳健性测试

首先,因为从"管理者过度自信"到"过度投资",再到"企业发生财务困境",有一个时间滞后问题,过度自信管理者在某年所进行的过度投资更加可能影响其后数年的财务困境风险,因此,我们对联立方程中的风险方程进行了一定的调整:其一,以根据 $t+1$ 期的 Z 指数设置的哑变量(Z_{+1})作为被解释变量,在原来的解释变量的基础上再增加 $t+1$ 期的总投资及其与管理者过度自信变量的交叉项,重新进行了回归;其二,以根据 $t+2$ 期的 Z 指数设置的哑变量(Z_{+2})作为被解释变量,重新进行了回归。[①] 回归结果显示,无论是以 Z_{+1} 还是以 Z_{+2} 作为被解释变量,结果和前面基本一致,这表明,过度自信管理者所进行的过度投资对随后数年的财务困境风险都有显著的负面影响。

其次,我们用企业的财务杠杆作为企业财务困境风险的替代变量[②],对联立方程重新进行了回归分析。之所以选择这一替代变量,是因为我国上市公司普遍具有股权融资偏好,只要达到股权再融资资格,上市公司就会进行股权融资,从而降低公司的负债水平。从这一意义上讲,那些负债

---

① 我们之所以没有考虑更长期的财务困境风险,主要有两个考虑:其一,是因为研究期间的限制,我们采用盈利预测来衡量管理者过度自信,但上市公司从2002年开始才逐步规范披露该数据,不能再往前延长样本期间,往后最多也只能到2007年,如果考察连续数年的数据,将会使样本量大幅度减少,使结果缺乏代表性;其二,与研究某一行为的经济后果学者同样面临的一个问题是,如果考虑过长的时滞,尽管这样更有说服力,因为某一行为发挥效应需要很长的时间,但是如果时间过长,公司的内外部环境都发生了很大的变化,那么即使我们看到效应产生了,我们也很难说明到底是该行为导致的还是其他因素导致的。

② 在我国,有许多研究采用ST处理来衡量企业的财务困境风险,但我们在开始的时候就将ST公司进行了剔除,因为该类公司和一般的公司在经营、财务、动机等各个方面都存在差异,同时,该类公司的很多行为可能带有强烈的"摘帽"动机。因此,我们没有用该变量来衡量企业的财务困境。

率很高的企业，一般是财务状况较差的企业，而这些企业陷入财务困境的可能性更大。回归结果显示，基本结论未变。

此外，我们对盈利预测衡量的管理者过度自信变量进行了修正：如果某公司在 t 年高估盈利预测，就仅仅将 t 年算为过度自信，而其他年度不算为过度自信。回归结果显示，基本结论保持不变。

第七节 拓展研究之二：从财务绩效视角的考察

企业通过不断的投资扩张而得到发展。根据企业理论，在企业大规模投资实现高速扩张中，企业可能会遇到管理资源、资本等各方面的约束，而这些约束的存在可能会对企业扩张的后果产生很大的影响。相关研究表明，现实也一再证明，企业合理的投资规模将为企业带来价值，而过度投资将为企业带来损失。对于管理者过度自信的企业来说，它们的投资可能是在不考虑自身及市场的实际情况下所进行的盲目扩张，同时，我国市场及公司治理结构的不完备性可能又难以对这种盲目投资起到有效的约束作用。所有的这些不可避免会造成企业投资的低效性，因此，对于管理者过度自信的企业来说，盲目投资可能会对企业绩效产生负面影响。对此，本部分进行了实证检验。

一、模型设定

从前文的实证结果我们可以看出，管理者过度自信的企业在投资规模上要显著大于其他企业，由此引出另外一个问题：过度自信的管理者所进行投资的绩效如何？为了回答这一问题，我们进行了回归分析。

从本章要解决的问题来看，主要涉及三个变量：企业绩效、企业投资与管理者过度自信，而这些变量中的任何两个变量之间都可能存在相互的因果关系。例如，企业投资会影响企业绩效，而企业绩效又可能影响企业投资；管理者过度自信会影响企业投资，而企业投资又可能反过来影响管理者过度自信，等等。在这种情况下，如果用单一方程进行回归分析，可能会出现偏差。同时，我们也希望考察上述三个变量之间的相互关系。鉴于此，我们采用联立方程模型进行分析。建立的联立回归方程组如下：

$$ROE = \alpha_0 + \alpha_1 INVEST + \alpha_2 INVEST \times CON_i + \alpha_3 Tobin's\ Q$$
$$+ \alpha_4 CONTROL + \alpha_5 DIRSIZE + \alpha_6 DDSIZE + \alpha_7 GROW$$
$$+ \alpha_8 DEBT + \alpha_9 SIZE + \alpha_{10} \sum IND_i + \alpha_{11} \sum YEAR_i + \varepsilon \quad (1)$$

$$INVEST = \beta_0 + \beta_1 CON_i + \beta_2 ROE_{-1} + \beta_3 CF + \beta_4 Tobin's\ Q$$
$$+ \beta_5 CONTROL + \beta_6 DIRSIZE + \beta_7 DDSIZE + \beta_8 GROW$$
$$+ \beta_9 WXZC + \beta_{10} JT + \beta_{11} DEBT + \beta_{12} SIZE + \beta_{13} \sum IND_i$$
$$+ \beta_{14} \sum YEAR_i + \varepsilon \quad (2)$$

$$CON_i = \gamma_0 + \gamma_1 INVEST_{-1} + \gamma_2 ROE_{-1} + \gamma_3 CONTROL$$
$$+ \gamma_4 DIRSIZE + \gamma_5 DDSIZE + \gamma_6 DEBT + \gamma_7 SIZE$$
$$+ \gamma_8 GENDER + \gamma_9 AGE + \gamma_{10} \sum IND_i + \varepsilon \quad (3)$$

其中,方程(1)为绩效方程,被解释变量为企业绩效,用净资产收益率 ROE 表示,公式为:当年净利润/年末净资产。解释变量包括企业总投资 INVEST 及其与管理者过度自信变量 CON_i 的交叉项,用以考察企业投资的绩效以及管理者过度自信对企业投资的绩效的影响。在该方程中还包括了投资机会、实际控制人类别、董事会规模、独立董事规模、成长性、债务比例、规模、行业以及年度等控制变量。这些变量的定义在前面已经给出,这里不再赘述。

方程(2)是企业投资方程,被解释变量为企业总投资 INVEST。解释变量为管理者过度自信及上期绩效 ROE_{-1},用以考察管理者过度自信及企业历史业绩对企业投资的影响。之所以采用上期绩效变量,是因为企业投资可能更多的是受以前绩效的影响。在该方程中还包括了现金流、投资机会、实际控制人类别、董事会规模、独立董事规模、成长性、无形资产比重、是否有集团公司作为母公司、债务比例、规模、行业以及年度等控制变量。我们可以看出,和本章前面的回归模型相比,目前的投资模型中只是增加了企业的上期绩效,这样,我们也可以将前后模型的回归结果进行比较,验证结论的稳健性。

方程(3)是管理者过度自信方程,被解释变量为管理者过度自信 CON_i。解释变量为上期投资 $INVEST_{-1}$ 及上期绩效 ROE_{-1},用以考察历史投资规模与历史绩效对管理者过度自信心理的影响。控制变量除了实际控制人类别、董事会规模、独立董事规模、债务比例、规模、行业等企业层面的变量之外,我们还加入了管理者个人特征变量:管理者性别与年龄,对性别变量而言，1表示男性；0表示女性。

二、回归结果

我们采用三阶段最小二乘法（3SLS）对上述方程组进行了回归分析，结果见表3-8和表3-9。其中，表3-8中的管理者过度自信变量为CON_1，而表3-9中为CON_2。

表3-8 联立方程回归结果（一）

	绩效方程（被解释变量：ROE）		投资方程（被解释变量：INVEST）		过度自信方程（被解释变量：CON_1）	
	系数	Z	系数	Z	系数	Z
截距项	-1.78	-3.36***	12.41	2.17**	-0.81	-3.52***
CON_1			18.00	19.92***		
$CON_1 \times INVEST$	-0.01	-1.64*				
INVEST	0.02	2.36**				
$INVEST_{-1}$					0.01	5.28***
ROE_{-1}			0.62	5.66***	-0.002	-0.40
CF			1.80	0.96		
Tobin's Q	0.07	1.41	-0.02	-0.03		
CONTROL	-0.01	-0.30	2.43	5.16***	-0.08	-3.95***
DIRSIZE	0.002	0.21	-0.06	-0.70	0.01	1.42
DDSIZE	-0.30	-1.12	-2.35	-0.83	0.17	1.46
GROW	0.01	1.02	-0.04	-0.52		
WXZC			5.85	2.15**		
JT			0.30	0.67		
DEBT	-0.08	-0.91	-0.95	-1.05	0.03	0.78
SIZE	0.07	2.87***	-0.19	-0.76	0.03	2.81***
GENDER					0.07	1.79*
AGE					-0.001	-0.52
$\sum IND_i$	控制		控制		控制	
$\sum YEAR_i$	控制		控制		无	
CHI2	40.7***		516.15***		95.5***	
R^2	0.02		0.08		0.04	

注：*、**、***分别表示在10%、5%、1%水平显著。

表 3-9　联立方程回归结果(二)

	绩效方程 (被解释变量:ROE)		投资方程 (被解释变量:INVEST)		过度自信方程 (被解释变量:CON_2)	
	系数	Z	系数	Z	系数	Z
截距项	−1.58	−3.74***	−111.29	−8.41***	0.46	4.64***
CON_2			241.70	55.7***		
CON_2 × INVEST	−0.21	−2.53***				
INVEST	0.10	2.58***				
$INVEST_{-1}$					0.001	5.59***
ROE_{-1}			0.33	1.23	0.001	0.23
CF			−3.72	−1.89*		
Tobin's Q	0.07	1.76*	−2.07	−3.72***		
CONTROL	0.02	0.69	−2.54	−2.11**	0.01	1.55
DIRSIZE	−0.004	−0.60	1.00	4.32***	−0.004	−2.27**
DDSIZE	−0.15	−0.72	−28.58	−4.27***	0.15	2.9***
GROW	0.01	1.26	0.17	2.11**		
WXZC			15.75	5.42***		
JT			−1.10	−2.41**		
DEBT	0.03	0.44	−3.34	−1.49	0.01	0.77
SIZE	0.05	2.63***	2.15	3.56***	−0.01	−1.7*
GENDER					−0.01	−1.3
AGE					0.001	2**
$\sum IND_i$	控制		控制		控制	
$\sum YEAR_i$	控制		控制		无	
CHI2	40.87***		194.42***		85.53***	
R^2	0.02		0.06		0.04	

注:*、**、***分别表示在10%、5%、1%水平显著。

从表 3-8、表 3-9 中的绩效方程来看,企业投资的回归系数都为正,并且都显著,其中表 3-8 在 5% 水平显著,而表 3-9 在 1% 水平显著,说明在其他因素不变的情况下,企业投资能为企业带来正的绩效。企业投资与管理者过度自信的交叉项的系数都显著为负,其中表 3-8 在 10% 水平显著,而表 3-9 在 1% 水平显著,说明在其他因素不变的情况下,管理者过度自信对企业投资绩效有显著的负面影响。

从投资方程来看,管理者过度自信变量的系数都显著为正,这一结果和前面的结果一致,表明在控制了内生性变量后,结果还是保持稳定,再一次证明了本章结论的稳健性。上期绩效的回归系数都为正,但在表 3-8 中在 1% 水平显著,而在表 3-9 中不显著,在一定程度上说明历史绩效越好,企业扩张越快。

从过度自信方程来看,上期投资的回归系数均显著为正,两张表中的显著性水平都达到了1%,表明企业历史扩张规模越大,管理者越容易过度自信。而上期绩效和管理者过度自信之间的关系不明确,表现为在表3-8中系数为正,而在表3-9中为负,说明企业的历史绩效未能对管理者的过度自信产生显著影响,这一结论与Hayward和Hambrick(1997)不一致,说明中国企业管理者更关心的是企业的规模,而非绩效,这一结论符合中国企业的现实。在实践中,我们发现众多企业的成长速度很快,但绩效却很差,这或许是中国企业的通病。

对于上述三个方程的结论,我们可以总结如下:投资和绩效之间存在连锁反应,即如果投资能带来好的绩效,那么企业的投资规模进而扩张速度会加快,相应地带来企业绩效的增长。但管理者过度自信会扰乱这一良性循环,使之步入恶性循环,表现为:管理者过度自信造成企业投资加速,而这种投资会带来企业绩效的下降,而绩效的下降没有引起管理者的重视,他们可能陶醉于高速扩张所带来的极大满足感,从而进一步加深了他们的过度自信程度,这又引起了新一轮的企业投资。这一恶性循环的后果是企业过度负债,最后资金链条断裂,走上"不归路",这正是我国众多企业失败的真实写照。

第八节 研 究 结 论

本章用我国深、沪两市2002—2005年间的895家上市公司的数据,研究了我国管理者过度自信与企业投资的关系,具体从投资规模、投资方式等方面进行了研究。我们的研究结果表明:管理者过度自信变量显著地影响了企业的投资规模,它和企业的总投资水平、内部投资之间存在显著的正相关关系;但和并购之间的关系并不显著,而且相关系数为负。

我们进一步从企业绩效和企业财务困境两个方面,拓展研究了过度自信的管理者进行的投资所导致的经济后果。联立方程模型的研究结果表明,相对于非过度自信管理者来说,过度自信管理者进行的投资会对企业绩效产生不利影响,同时,也加大企业陷入财务困境的可能性;上期投资规模会显著地影响管理者的过度自信心理;而上期企业的财务困境状况对管理者的过度自信心理没有显著影响,说明对中国企业管理者而言,更关心的是企业的规模,而非企业的绩效好坏以及是否已陷入财务困境。这导致企业步入恶性循环:管理者过度自信造成企业大规模或者说过度投资,而这种投资会破坏企业绩效,带来企业风险的提高,增大企业陷入财务困境的可能性,但这没有引起管理者的重视,他们陶醉于企业高速成长所带来的极大满足感,从而进一步加深了他们的过度自信程度,这又引起了新一轮的企业投资扩张。这一恶性循环的后果是企业过度负债,最后资金链条断裂。

从本部分的研究特点来看,我们遵循了"管理者过度自信→企业投资→经济后果"的研究路径,即首先研究管理者过度自信对企业投资规模及投资方式的影响,然后研究了企业投资的经济后果。这样,企业投资就成为连接管理者过度自信和企业绩效以及企业财务困境的桥梁,使我们可以清楚地看到管理者过度自信特征对企业绩效和企业财务困境产生影响的具体过程和机理。

本章是首次从管理者过度自信角度研究企业投资规模和投资方式及其对企业绩效和财务风险的影响的文献,本研究不仅丰富了行为金融学理论,而且从新的角度分析了我国证券市场上的异化现象,为企业实践提供了新的参考证据。

后果篇

第四章

多元化与专业化：
影响因素视角

第一节 引 言

企业应"专业化"经营还是"多元化"运作,这是一个自Rumelt(1974)的开创性研究以来,一直没有得到解决的有巨大争议,但是在实践中又迫切需要解决的问题。长期以来,西方学者一直对这一领域充满浓厚的研究兴趣,也产生了大量的学术成果(Rumelt,1974;Ramanujam 和 Varadarajan,1989;Datta、Rajagopalan 和 Rasheed,1991;Hoskisson 和 Hitt,1990;Montgomery,1994;Palich、Cardinal 和 Miller,2000;Maksimovic 和 Phillips,2002;Villalonga,2004;等等)。近些年来,我国学者也对此进行了大量的研究探索(如朱江,1999;金晓斌等,2002;张翼等,2005;等等)。

从西方企业的实际情况看,在20世纪80年代以前,企业曾热衷于多元化经营,大肆并购与企业主业并不相关的业务。其理由是,通过多元化经营可以分散企业的经营风险,而且企业可以通过内部资本市场的资源配置功能,在企业内部实现资源的有效配置。而自20世纪90年代以来,尽管多数大而著名的企业仍旧存在某种程度上的多元化,但是理论界和实务界逐步发现,过度的多元化对企业的业绩及企业价值将产生破坏作用。由于多元化经营效果不理想,西方企业又出现了一个"回归主业"的高潮,一些多元化经营的企业纷纷将不相关的业务剥离出去,专心经营自己的核心业务。尽管这一现实似乎支持多元化经营有害于企业价值的观点,但是理论界并没有轻易屈从现实,目前许多学者仍旧在这一领域继续研究,不懈探索。

企业的多元化动机源于企业所面对的外部环境和内部环境(Hoskisson

和 Hitt,1990),这一点已为人们所接受。但是,从现实情况来看,目前并没有一个统一的理论框架对多元化的动机进行完全、深入的分析,不同领域的学者只是按照自己的研究设计,从自己所处的学科领域提出自己的观点或理论。例如,有的学者根据协同效应提出了效率假说,而有的学者则提出了多元化的市场势力(market power)假说,还有的学者则提出了财务协同动机。但是,恰如 Ramanujam 和 Varadarajan(1989)所说,学者们基于管理动机等提出了一些假说,而这些假说却可能忽视了其他一些更有说服力的动机。后来,学者们的兴趣逐步转移到多元化的经济后果的研究上,试图从多元化的经济后果来寻找企业多元化动机。而这又产生了另外一个问题,即一定的经济后果可能是多种动机的结果,人们很难判断到底是哪种动机最终起了决定作用。因此,Hill 和 Hanson(1991)指出,如果不考虑企业多元化经营的初始动机,多元化对企业绩效的影响就难以得到很好的理解。

马里斯(Marris,1963)模型最早揭示了多元化与利润率之间的关系。他认为,为了追求企业成长,企业必须牺牲一部分利润率作为代价。而企业多元化是企业成长的函数,因此,多元化与企业成长之间存在负相关关系。但是,需要引起我们注意的是,这一负相关关系是有一定的前提假设的;同时,马里斯本人也认为,只有在企业增长率达到一定的数值后,两者才变为负相关;而在非常低的增长率情况下,增长率和利润率之间会呈现出正相关关系。这暗含着多元化经营对企业价值的效应到底是负还是正,可能因国别、国家以及企业的发展阶段而异。

就现阶段我国上市公司而言,研究表明,多元化经营对企业价值具有正效应,多元化经营可以提高企业的价值;企业的多元化对企业收益的波动具有负效应,即多元化降低了企业收益的波动程度(姜付秀、刘志彪、陆正飞,2005)。从我国上市公司的实际情况来看,尽管大部分上市公司跨越不同的产业进行经营,但是,专业化经营的上市公司也占有很大的比例。通过考察在 2000 年底以前上市的全部非金融类上市公司,我们发现,2001—2004 年,专业化经营的上市公司占全部上市公司的比例分别为 35.93%、34.93%、31.59%、30.59%。

由此引出一个话题:既然多元化经营可以减少公司收益的波动性,降低公司的经营风险,并对提高上市公司的价值具有促进作用,为什么我国还有这么大比例的上市公司没有选择这一经营模式?到底是什么决定了我国上市公司的多元化经营模式的选择？本章旨在对此提供一个可能的解释。

第二节 我国上市公司多元化经营状况

我们首先对我国上市公司的多元化经营的现状进行了考察。

我国上市公司是在1998年以后才被强制要求披露行业分部信息，而在此之前，是否披露行业分部信息完全由上市公司自己决定。基于数据的可获得性，本章的研究区间为2001—2004年，研究样本为2000年年底以前上市的深沪两市的全部非金融类上市公司。截至2000年12月31日，深沪两市发行A股的上市公司数目为955家，在剔除了数据不全的公司后，共得到895个研究样本。

本章的数据部分来自于华泰证券聚源数据分析系统，部分来自于CCER Sinofin数据库以及CSMAR。

一、多元化的度量指标

近些年来，学者们逐步发现以单一的指标往往难以准确地衡量出企业的多元化程度，因此，在现阶段，学者们在进行研究时，一般用以下四个指标来对多元化进行衡量：企业经营所跨的行业数目、销售收入的Herfindahl指数、收入熵（Entropy, EI），以及公司是否多元化经营（哑变量，DIV）。我们同时利用这四个指标来衡量我国上市公司的多元化程度。

1. 行业数目（N）：公司主营业务收入所涉及的行业个数。行业分类采用中国证监会行业分类标准。

2. 销售收入Herfindahl指数（HHI）：$HHI = \sum_{i=1}^{n} P_i^2$。

其中，P_i为公司在行业i的销售收入占总收入的比重，n为公司经营所跨的行业数目。企业多元化程度越高，Herfindahl指数就越低，当企业专业化经营时，该指数为1。该指数比行业数更准确地衡量了企业的多元化程度，例如，有两个企业都跨两个行业进行经营，其中一个企业两个行业的收入比为90:10，另一个企业的收入比为50:50，以Herfindahl指数衡量的多元化程度是不同的，前者为0.82，后者为0.5，前者高于后者，即是说前者比后者更趋向于专业化,而仅仅以行业数来衡量企业的多元化程度并没有反映出这种差别。

3. 收入熵(Entropy,EI):在产业经济学中,"熵"值指标被用来研究产业结构的复杂程度。

Jacquemin 和 Berry(1979)、Palepu(1985)等用收入熵来测量多元化发展战略水平。"熵"值计算法不仅客观易懂,而且具有很好的数学性质。这种方法考虑了企业多元化发展战略的三方面因素:① 企业经营的产品种类数量;② 企业各种产品销售收入在总销售收入中的分布情况;③ 企业不同种类产品的相关程度。与其他多元化发展战略度量指标相比,"熵"值计算法的独特之处在于考虑了企业不同种类产品之间的相关性程度,将企业总多元化战略程度分解为相关多元化战略程度(度量企业产出在同一产业类群内部相关产品之间的分布程度)和非相关多元化战略程度(度量企业产品的输出在不相关产业群之间的分布程度)两部分,从而克服先前的多元化发展战略度量指标所存在的局限性。

本研究不涉及相关多元化和不相关多元化的区分,因此,我们只取该指标对多元化程度的含义。该指标的计算公式为:

$$EI = \sum_{i=1}^{n} P_i \ln(1/P_i)$$

其中,EI 为多元化程度,P_i 为公司在行业 i 的销售收入占总收入的比重,n 为公司经营所跨的行业数目。

该指标与 HHI 指数恰好相反,多元化程度越高,公司主业越不突出,收入熵的数值就越大。当企业专业化经营时,该指标的数值为 0。该指标和 HHI 指数一样更准确地衡量了企业的多元化程度。

4. 公司是否多元化经营(哑变量,DIV):多元化经营的公司取值为 1,其他则取值为 0。

二、我国上市公司多元化经营的现状

首先,我们对我国上市公司的多元化情况进行了总体上的考察。表 4-1 给出了 2001—2004 年我国上市公司的以行业数目和销售 HHI 指数衡量的多元化经营状况。

表 4-1 我国上市公司的多元化经营情况

		1		2		3		4		≥5		average
N	2001	321	35.87%	269	30.06%	190	21.23%	85	9.50%	30	3.34%	2.161
	2002	312	34.86%	296	33.07%	187	20.89%	70	7.82%	30	3.36%	2.119
	2003	282	31.59%	305	34.09%	186	20.78%	88	9.83%	34	3.81%	2.209
	2004	273	30.50%	330	36.87%	190	21.23%	77	8.61%	25	2.79%	2.1680
		0.4		0.4—0.6		0.6—0.8		0.8—1		1		Average
HHI	2001	88	9.83%	211	23.58%	159	17.77%	116	12.95%	321	35.87%	0.748
	2002	84	9.39%	215	24.03%	160	17.78%	124	13.85%	312	34.85%	0.746
	2003	109	12.18%	233	26.03%	156	17.43%	115	12.86%	282	31.59%	0.724
	2004	98	10.95%	229	25.59%	163	18.21%	132	14.75%	273	30.50%	0.728

资料来源:作者整理。

从表 4-1 中的数字看,我国上市公司中大约有三分之二的公司进行的是多元化经营,而且从趋势上看,多元化经营的公司数目在逐步增加。跨两个行业经营的公司与专业化经营的公司的比例相当,占样本的近三分之一,但是却表现出和专业化经营这一组相反的趋势,即公司数目在不断增多。跨三个行业的上市公司占样本的 20%,而跨四个行业及以上的公司只占样本的 10%。同时,除了第一组和第二组,其他在四年里占样本的比例几乎没有变化。

从以 HHI 指数所反映的公司多元化程度看,小于 0.4(这一数值表明公司的主业是不突出的,各业务单元对企业主营业收入的贡献相差无几)的公司占样本的 10% 左右;而大于 0.8(这一数值表明公司跨行业经营,但是有一个行业的营业收入占公司总的主营业收入的比例至少在 89% 以上)的公司占样本的 13% 左右;处于 0.4 至 0.8 之间的公司占样本的 40% 左右,这部分公司的多元化程度也是比较高的。

为了更好地揭示我国上市公司的多元化经营情况,我们从以下几个方面进行了深入的考察。

(一) 从产业层面上看

不同产业具有不同的发展机会、风险水平和收益状况。研究表明,公司的许多行为与公司所在的产业相关联,多元化经营作为公司的一项重要战略决策,可能也会受到公司所在产业的特征的影响。

我们检验了不同产业上市公司的多元化经营情况,结果如表 4-2 所示。

表 4-2　不同产业的公司多元化经营情况

行业	2001 HHI	2001 EI	2001 N	2002 HHI	2002 EI	2002 N	2003 HHI	2003 EI	2003 N	2004 HHI	2004 EI	2004 N
农、林、牧、渔业	0.558	0.794	3.261	0.535	0.839	3.348	0.465	0.950	3.435	0.571	0.740	2.826
采掘业	0.917	0.161	1.583	0.852	0.139	1.462	0.846	0.144	1.462	0.801	0.221	1.692
食品饮料	0.806	0.340	2.051	0.740	0.453	2.333	0.710	0.492	2.231	0.713	0.488	2.231
纺织服装	0.775	0.367	1.905	0.709	0.474	2.119	0.669	0.530	2.310	0.674	0.551	2.333
造纸业	0.779	0.384	2.077	0.786	0.387	2.077	0.773	0.404	2.231	0.778	0.372	2.000
石油化学塑料	0.797	0.336	1.874	0.795	0.337	1.811	0.733	0.453	2.084	0.736	0.446	2.084
电子制造业	0.794	0.406	2.333	0.841	0.303	1.944	0.844	0.254	1.611	0.834	0.274	1.778
非金属冶炼	0.828	0.289	1.787	0.841	0.270	1.627	0.840	0.261	1.640	0.811	0.305	1.733
设备制造业	0.821	0.306	1.845	0.795	0.333	1.853	0.809	0.324	1.879	0.793	0.343	1.819
生物医药制造	0.743	0.412	1.911	0.750	0.413	1.893	0.687	0.500	2.125	0.690	0.492	2.071
其他制造业	0.632	0.493	2.333	0.651	0.478	2.333	0.635	0.503	2.250	0.628	0.492	2.083
水电气	0.784	0.323	1.850	0.774	0.343	1.900	0.773	0.360	1.975	0.784	0.336	1.875
建筑业	0.642	0.587	2.800	0.694	0.557	2.533	0.657	0.590	2.667	0.680	0.561	2.600
交通运输	0.755	0.411	2.118	0.779	0.380	2.000	0.710	0.490	2.176	0.702	0.519	2.294
通信设备制造	0.710	0.481	2.300	0.723	0.480	2.267	0.667	0.587	2.517	0.673	0.559	2.383
批发零售贸易	0.777	0.370	2.014	0.792	0.364	2.027	0.788	0.359	2.014	0.767	0.395	2.041
房地产业	0.730	0.444	2.189	0.752	0.441	2.135	0.755	0.429	2.154	0.768	0.406	2.096
社会服务业	0.597	0.691	2.806	0.606	0.681	2.694	0.617	0.673	2.667	0.678	0.565	2.528
信息服务传播	0.611	0.501	2.182	0.686	0.544	2.400	0.654	0.602	2.600	0.716	0.497	2.300
综合类	0.492	0.791	3.054	0.572	0.662	2.699	0.538	0.730	2.863	0.568	0.682	2.795

数据来源:作者整理。

表 4-2 中的数字表明,无论用哪个指标来衡量,不同产业的上市公司的多元化程度都存在很大的差别。具体说,农林牧渔业的多元化程度最高,这可能与产业的市场空间有限具有一定的关系,综合类、建筑业、社会服务业多元化程度也相对较高;那些具有垄断性的产业,如采掘业、水电气的生产与服务业、石油化学塑料、非金属冶炼,以及近年来高速发展的产业,如电子制造业、生物医药制造业的多元化程度相对较低。由此可以看出,我国上市公司的多元化经营模式的选择可能与公司所在产业相关联。

(二) 从股权结构上看

分析我国上市公司行为,绕不过去的一个话题是我国上市公司特殊的股权结构。控股主体不同,企业行为的选择也就可能不同。在我国,国有控股的上市公司占有很大的比例,在本章的研究样本中,国家为第一大股东,同时又处于绝对控股或相对控股地位的上市公司的比例大于 1/2(各年不等)。为了考察不同股权结构下企业的多元化经营情况,本章将全部上市公司按照第一大股东的性质分为五类:国家绝对控股、国家相对控股、国家为第一大股东(但持股比例小于 30%)、法人为第一大股东、其他持股主体为第一大股东。不同股权结构下上市公司的多元化经营情况如表 4-3 所示。

表 4-3 不同股权结构下上市公司的多元化经营情况

第一大股东性质	2001			2002			2003			2004		
	HHI	EI	N	HHI	EI	N	HHI	EI	N	HHI	EI	N
国有(>50%)	0.788	0.360	1.983	0.796	0.339	1.868	0.779	0.364	1.941	0.791	0.353	1.891
国有(30%—50%)	0.757	0.406	2.064	0.820	0.399	2.059	0.747	0.430	2.089	0.737	0.451	2.185
国有(<30%)	0.691	0.530	2.426	0.722	0.493	2.232	0.694	0.535	2.423	0.654	0.593	2.484
法人	0.740	0.457	2.241	0.717	0.483	2.271	0.690	0.529	2.350	0.691	0.522	2.284
其他	0.698	0.508	2.259	0.710	0.484	2.174	0.749	0.408	1.957	0.765	0.400	2.041

资料来源:作者整理。

从表 4-3 可以看出,国有股为第一大股东,但不具有绝对或相对控股地位这一组的上市公司的多元化程度最高,法人控股的上市公司次之,而国有股占绝对控股地位的上市公司的多元化程度则最低,这表明公司股权结构尤其是国有股占比对公司的多元化经营模式选择具有一定的影响。

(三) 从企业规模上看

一般认为,多元化经营是规模较大企业的一个重要的特征。Amey(1964),Gollop 和 Monahan(1991)的实证研究表明,在制造业,企业规模与多元化之间存在着正相关关系。本章对我国上市公司的规模与多元化经营之间的关系进行了考察。我们将我国上市公司按照规模大小进行五等分,"1"代表规模最小的占样本 20% 的公司,以此类推,"5"代表规模最大的 20% 的公司。所得结果如表 4-4 所示。

表 4-4 不同企业规模下多元化经营情况

	2001			2002			2003			2004		
	HHI	EI	N	HHI	EI	N	HHI	EI	N	HHI	EI	N
1	0.760	0.416	2.061	0.793	0.435	2.061	0.734	0.448	2.133	0.718	0.461	2.078
2	0.734	0.456	2.211	0.729	0.462	2.161	0.718	0.486	2.233	0.712	0.493	2.217
3	0.722	0.462	2.228	0.742	0.431	2.094	0.690	0.522	2.289	0.716	0.484	2.228
4	0.748	0.442	2.256	0.738	0.437	2.172	0.722	0.479	2.244	0.717	0.489	2.261
5	0..778	0.384	2.050	0.782	0.393	2.112	0.756	0.420	2.145	0.777	0.384	2.056

资料来源:作者整理。

从表 4-4 可以看出,无论以哪个指标来衡量,公司规模最小和规模最大的两组的多元化水平都要低于其他三组,而其他三组的多元化水平则相差不是很大。这可能意味着,当上市公司规模较小和规模较大时,公司的多元化程度较低,而中等规模的公司往往倾向于进行多元化经营,即公司在发展阶段可能更采取多元化模式,当公司规模很大时,公司更倾向于专业化。

由以上分析可以看出,多元化经营已成为我国上市公司的一个重要经营模式,而且这一模式正逐渐为大多数上市公司所采纳;同时,公司多元化经营模式的选择及其多元化水平也受到与公司相关的一些客观条件的影响。

第三节 理论基础及研究假设

一、理论基础

目前,关于企业多元化动机主要有三种代表性的理论:经济理性理论(价值最大化假说)、个人理性理论(非价值最大化假说)和组织理性理论。这三种理论(或者说假说)的提法是由 Larsson(1990)提出的,并主要应用在并购领域。后来,人们发现这些动机对公司多元化战略选择也具有较强的解释力,从而被广泛运用。

(一) 经济理性理论

经济理性理论又称价值最大化假说,其中心思想是,多元化战略的目标是为股东创造价值,价值的创造来源于多元化所产生的协同效应。企业进行多元化可以产生多种协同效应,如管理协同效应、财务协同效应、经营协同效应,等等。正是这些协同效应所产生的 2+2=5 的效果,多元化为企业创造了更大的价值。

经济理性理论是多元化动机中研究得较深刻的理论,在这一理论中,又分为多个分支,如效率假设、市场势力假设和财务协同效应假设等。

交易的内部化会产生效率,从而带来成本优势和提高经济效率(Williamson,1979;1981)。由于多元化发展战略企业管理层比依赖于外部资源能够有机会获取更多的关于单个生产要素的生产率的信息,所以多元化战略企业能够更好地进行资源分配(Alchian 和 Demsetz,1972)。多元化发展战略企业信息的有用性及其准确性优于依赖外部资源市场来获取劳动力和资本的专业化企业(Williamson,1981)。由于多元化战略企业具有更大的规模,从而有能力在组织内部不同业务之间转移知识和职员,用自身的内部劳动力市场来服务于企业。同样地,多元化发展战略企业具有内部资本市场优势,这使得企业能够将额外的财务资源向最有前景的业务进行配置。这样,企业实施多元化发展战略,将许多外部市场交易活动内部化,则可以对外部市场发挥着补充和替代功能。所有这些优势表明,如果多元化发展战略能够得到充分利用和有效管理,那么企业就有机会获取效率和经济性,从而提升企业价值。

Hill(1985)认为,多元化发展战略企业经营表现优于非多元化发展战略企业,原因并不是多元化发展战略企业更富有效率,而是因为它们能够获取集团企业势力。经济学家们强调了集团企业可能产生反竞争实力的三种方式:交叉补助、共谋(mutual forbearance)和互惠性购买。Gribbin(1976)对此提供了有力的支持。一般说来,提出市场势力问题的学者往往强调多元化发展战略所产生的后果,而不是原因。他们往往强调多元化发展战略无竞争的方式,而不是导致这种后果的原因。虽然如此,许多沿着这一思路的学者们认为,仅仅基于市场势力效果,就能够发现多元化发展战略与企业价值之间存在正相关关系(杨林,2006)。

公司要想获得长期的成功就必须发展业务组合,以确保用充分和稳定的现金流为其他经营活动提供财务上的支持。由于有了充分和稳定的现金流,母公司就能够利用一个公司里产生的利润来支持另一个公司。因此,多元化可以在公司形成内部资本市场,从而产生财务协同效应。尽管企业可以从外部获得发展所需资本,但是 Williamson(1975)指出,传统的外部资本市场被严重的信息不对称性困扰,而内部资本市场由于内部审计相对于外部审计更有效率,从而更有利于资产的优化配置,因此,企业的内部资本市场比外部资本市场更有效率。Whited(2001)以及其他学者的实证研究结果有效地支持了内部资本市场较外部资本市场更有效率的观点。

(二) 个人理性理论

个人理性理论也称非价值最大化假说。尽管经济理性动机具有很强的理论基础,对公司的多元化经营模式的选择做出了合理的解释,但是现实中,许多企业的多元化努力并不成功,同时,学者们在研究过程中更多的是发现多元化折价,而不是溢价。这使得学者们开始从价值最大化理论之外来寻求解释。其中一个主要的理论是个人理性假说,委托代理理论是这一假说的理论基础。

现代企业的一个主要特征是,企业的控制权掌握在并不持有公司股份的经理手中。由于经理和股东之间存在着利益冲突,经理出于分散自己对公司的专用性投资风险的考虑,同时也为了自身效用最大化,往往采取多元化战略,迅速将企业做大,以使得企业具有抵抗外部风险的能力;同时,大企业的经理在个人收入、在职消费、自我感觉、社会地位等方面都要远远超过中小规模的公司。因此,企业的多元化经营往往被看做是出于管理者的动机,其目的是为了维护和提高经理的地位,而不是为了提高股东的利益。当企业的股权结构趋于分散,缺乏大股东或合理设计的公司治理结构对经理实施有效约束时,情况可能更是这样的。Marris(1964)关于企业的增长最大化模型、Baumol(1958)的销售最大化模型以及其他非利润最大化模型,充分揭示了经理控制型企业的典型特征。现实中,人们已逐步意识到:大企业集团的出现,在很大程度上被认为是经理追求个人利益的表现。因此,尽管企业的过度多元化并不能仅仅用个人理性假说来解释,但是代理理论在公司多元化经营的动机方面,的确具有很强的解释力。

根据代理理论的解释,经理通过多元化减少了自身面临的特质性风险,从而从中获得了效用。公司经理通常在所在公司中拥有大量未经分散的个人资产组合,持股比例较高的经理面临更大的特质性风险,因而他会通过多元化经营降低这种风险。May(1995)发现个人财富中股权所占比重较高的 CEO,其收购的多样性程度就越高,这种多元化程度与管理层持股的正相关性对多元化动机的分散风险假说提供了支持。同时,经理从事多元化可以从中获取私人利益(Jensen,1986;Stulz,1990)。这些私人利益来自许多方面,如与管理多元化程度更高的公司相关联的特权或更好的职业前景、更丰厚的薪酬,以及增强经理在公司中的地位,使其成为公司不可缺少的成员。

(三) 组织理性理论

Larsson(1990)提出了多元化的组织理性假说,他认为,企业多元化经营的动机是为了控制更多的资源,降低不确定性。交易内部化和层级组织可以有效降低公司关键性资源的不确定性。在一个"要么吃掉别人,要么被别人吃掉"的市场经济中,通过并购或其他方式进行多元化经营,迅速将公司做大,是一个防止被其他公司接管的主要方式,因为企业越大,就越不容易被接管。这样,组织理性假说从组织的生存角度,对企业的多元化动机进行了合理的解释。

需要做出说明的是,组织理性并不预示着企业风险很高的情况下,企业选择多元化经营以分散风险。尽管多元化经营可以分散企业的经营风险,但是在企业经营风险已经很大的情况下,企业通过多元化进入新行业,这时不但不会分散企业的风险,相反,由于企业对新行业的经营不熟悉,可能会加大企业的经营风险。也就是说,多元化可以分散企业风险,但是,企业只有在风险不是很高的情况下进行多元化战略,才能最终达到分散风险的目的。

一方面,组织理性不同于经济理性,因为企业可能为了控制某一关键性资源而承受一定的经济损失;同时,也不同于个人理性,因为可能根本就没有个人收益。另一方面,它可能与经济理性和个人理性是一致的,但是一个明显的区别是,组织理性动机认为多元化是为了提高企业的生存,而不管它是否提高了企业价值或者个人收益。降低企业关键性资源的不确定性和避免被接管是组织理性的核心思想。

二、研究假设

我们依次检验传统所认为的多元化经营的三种动机。根据多元化经营的经济理性动机、组织理性动机和个人理性动机,我们首先提出如下假设:

假设1 我国上市公司的多元化及其程度与公司业绩呈正相关关系。

假设2 我国上市公司的多元化及其程度与公司的经营风险呈负相关关系。

假设3 我国上市公司的多元化及其程度与公司高管在公司中的利益呈正相关关系。

以上三种假说只是从多元化经营的主观动机方面进行了理论分析。现实中,公司的客观条件,如公司规模、股权结构、公司上市时间的长短及公司所处的行业等因素,对公司经营模式的选择也起着重要的影响作用。因此,本章将从公司多元化经营的主观动机和客观条件两个方面,对我国上市公司多元化经营的决定因素进行研究。

公司的行为受到自身所处的产业特征的影响。根据产业组织理论,产业结构影响产业内所有企业的行为和绩效。研究者注意到了产业结构(Rumelt,1974;Stimpert 和 Duhaime,1997b;Delios 和 Beamish,1999;等等)以及产业生命周期(Kalshak 和 Joshi,1994;Teece,1980;Park,2003,等等)对多元化战略的影响。

首先,不同产业的发展机会存在极大的差异,新兴产业面临着更多的发展机遇,本产业内有极大的市场空间供企业开发,因此新兴产业的多元化程度可能较低;与此相反,处于衰退或已经成熟产业里的企业,在本产业的发展机会和空间可能已经有限,因此,企业有可能涉足其他产业,以改变主营产业的不利局面,实现战略转变(Rumelt,1974;Park,2003),并且成熟性产业由于具有较好的现金流等方面的条件,衰退性产业由于本产业的投资机会很少,其资本也将较充裕,所以它们更具有实现多元化经营的条件。

其次,不同产业产生现金流量的机会存在极大的差异,那些具有较好现金流的企业,而且本产业发展空间或者盈利性不是很高的企业,则可能涉足那些具有较高获利性的产业,从而享受较高利润(Mueller,1972; Teece,1980;Park,2003;等等),如近年来我国许多流通领域的上市公司涉足房地产业。

最后,不同产业所面临的外部经营风险存在一定的差异,有些产业具有顺经济周期的特征,而有些产业则具有逆经济周期的特征,这样,企业为了分散经营风险,可能会有选择地进行多元化经营。由此,我们提出以下假设:

假设4 我国上市公司的多元化经营与公司所处产业具有相关性。

在我国研究上市公司行为绕不过去的一个话题就是上市公司的股权结构。由于历史原因,我国上市公司具有异于世界上任何一个国家上市公司的特殊的股权结构,其中一个重要的特征是,国有股权在大多数上市公司中具有绝对或相对控股地位。

Jensen 和 Meckling(1976)认为,提高对企业有控制权的内部股东的股权比例,能有效地产生管理激励,降低代理成本,提高企业价值。Shleifer 和 Vishny(1997),La Porta 等(1998;2000),孙永祥、黄祖辉(1999),陈小悦、徐晓东(2001)等国内外学者基于不同的研究对象,都得出了股权结构影响企业价值或绩效的研究结论。关于股权结构,中国上市公司的一个显著特点就是多数由国有股东控制。徐莉萍、辛宇和陈工孟(2006)认为,中国国有控股上市公司更多地面临着管理层私利(managerial entrenchment)行为产生的风险,即国有控股上市公司和非国有控股上市公司在代理问题上存在着显著的差异。而国有企业和民营企业由于代理问题等方面的差异,会造成企业投资行为的差异(欧阳凌、欧阳令南、周红霞,2005)。

但是,在公司股权结构是否影响多元化战略上,学者们的研究结论并不一致。Lane 等(1999)指出,在理论和经验上,几乎没有证据使人确信公司委托人的监控影响多元化战略和收购决策,与此相反,Denis、Denis 和 Sarin(1997)提供的实证结果表明,公司多元化的可能性与公司内部人持股比例和外部大股东持股比例负相关,同时,Amihud 和 Lev(1999)也认为,在公司多元化战略和公司股权结构之间存在一种联系。

众所周知,大部分亚洲国家有不同于西方国家的公司治理结构。Claessens 等人(1999)发现,在东亚国家的公司治理环境下,公司最终所有者对企业的控制权和现金流所有权之间的不一致越大,企业的多元化程度越高,尤其是最终所有者拥有较高的控制权水平的情况下,因此,他们认为多元化是最终所有者侵占小股东财富的手段。基于中国上市公司的实证研究表明,公司的股权结构与多元化经营存在显著的相关关系(张翼、李习和许德音,2005;王化成和胡国柳,2005;韩忠雪、朱荣林和王宁,2006;等等)。相关研究表明(姜付秀,2005),国有控股的上市公司更加重视公司业绩,而其他控股类型的上市公司更加重视公司的成长性。另外,从我国的现实情况来看,国有控股的上市公司往往受到其政府相关主管部门的影响,而国有公司的主管部门提倡专业化经营和强调规模经济,对公司的多元化持否定态度。我们可以看到,近些年来,国资委要求下属公司剥离与主业不相关的业务。因此,我们提出以下假设:

假设5 我国上市公司的多元化及其水平与国有股占比呈负相关关系。

Fazzari、Hubbard 和 Petersen(1988)、Hubbard(1998)等学者的研究表明,公司年龄会影响公司投资规模大小。公司历史越长,其在资本市场和产品市场等领域可能积累起较好的声誉,从而有利于其进行融资活动。

就我国上市公司而言,公司在上市之初,为了突出主业,往往将一些不相关的业务剥离,这样上市公司将具有较好的业绩表现,从而为公司的上市以及今后的进一步融资打下了坚实的基础,因为我国证监会对于公司上市以及再融资具有明确的业绩要求。随着上市公司上市时间的不断增长,在具有较宽裕资本做好主业的同时,公司有条件也有冲动来实施多元化战略。众所周知,中国上市公司具有强烈的股权融资冲动,只要满足中国证监会的再融资条件,公司就会进行增发或配股行为,这为公司的多元化打下了坚实的资本基础。由于我国刚刚实施市场经济,公司既面临许多发展机遇,在中国当前的经济形势下,公司又面临较大的不确定性,很容易受到经济波动等外部风险的冲击,因此,那些有资本实力的公司倾向于通过多元化经营模式进入那些具有较高盈利水平的行业,在降低公司经营风险的同时,也可以提高公司的盈利能力。由此,我们提出以下假设:

假设6 我国上市公司多元化及程度与公司上市年限存在正相关关系。

多元化是企业成长的手段,多元化发展战略是一种成长战略(Chandler,1962),即企业可以通过多元化扩张战略,迅速做大企业规模。相关研究结果表明,公司规模和多元化经营之间存在相关性(Davies et al.,2001)。同时,公司规模也影响到企业的多元化战略的选择。为了实施多元化发展战略,企业必须拥有必要的资源,以便多元化发展战略在经济上具有可行性（Penrose,1959;Teece,1982;Wernerfelt,1984）。无疑，企业规模与企业拥有的资源存在一定的关系。

从西方发达国家公司的发展历史看，那些规模巨大的公司大都是通过并购等方式实现公司的多元化，在短时间内迅速将公司规模做大。在公司做大，具有一定的抗风险能力以后，逐步由多元化模式向主业突出经营模式转变。

就我国公司而言，公司的规模越大，就越有可能从政府那里得到许多优惠政策和各种扶持，而且随着我国加入WTO，为了在与其他国家的主要竞争对手竞争中获得竞争优势，也有将公司做大的动机。通过多元化进入其他行业，是公司在短时间内迅速做大规模的一个主要手段。因此，多元化经营往往是与公司的成长相伴而行，并处于公司发展的某一特定阶段。当公司规模发展到一定程度，尤其是公司在某一业务领域具有较强的竞争实力时，公司往往会逐步剥离一些与公司主业不相关的业务，集中公司的各种资源做强某一业务。同时，规模较大的公司已具备较强的抗风险的能力，不一定要通过多元化经营来分散经营风险。由此，我们提出以下假设：

假设7 我国上市公司多元化水平与公司规模存在负相关关系。

第四节 实证检验及其结果

为了对本章所提出的假设进行实证检验，我们以2000年年底以前上市的深沪两市的全部非金融类上市公司作为研究样本。在剔除了数据不全的公司后，共得到895个研究样本。研究区间为2001—2004年。

一、各指标界定

企业价值的度量指标：国外学者在研究企业价值时，一般用Tobin's Q 指标来衡量（如Morck、Shleifer和Vishny,1988;Faccio和Lang,2002;等等）。Tobin's Q 指标在数值上等于企业的市场价值与企业重置成本的比率，比率高意味着投资者相信公司将迅速成长，因而更愿意向该公司投资；反之，比率低则说明投资者对公司的发展前景没有信心。我国一些学者在研究我国上市公司价值时，也将Tobin's Q 作为企业价值的重要衡量指标（如Bai等,2002;苏启林和朱文,2003;王明琳、周生春,2006;等等）。我们以 Tobin's Q 值的自然对数(LNQ)作为企业价值的替代指标。本章中上市公司的 Tobin's Q 值直接取自"华泰证券的聚源数据分析系统"①。

企业经营风险的度量指标:一般而言,公司的收益波动幅度越大,表明公司所面临的经营风险越大,因此,本章以上市公司的收益波动幅度来度量公司的经营风险。为了能够准确反映上市公司的收益波动情况,我们将上市公司的每股收益(调整后)的取值区间延伸到 1999 年,以三年为一个时间区间,滚动计算出在 2001—2004 年各年的收益波动的标准差。我们认为,这一滚动标准差可以更好地反映我国上市公司不同年度的收益波动情况,更恰当地反映出上市公司的经营风险情况。具体的计算公式为:

$$Flu\_EPS = \sqrt{\{[EPS_t - (\sum_{i=1}^{3} EPS_i)/3]^2 + [EPS_{t-1} - (\sum_{i=1}^{3} EPS_i)/3]^2 + [EPS_{t-2} - (\sum_{i=1}^{3} EPS_i)/3]^2\}/2}$$

高管利益:目前,我国上市公司中高管人员一般不持有或很少持有本公司的股份,因此,高管人员在公司中的利益更多地表现为薪酬的高低。我们以公司前三位高管的薪酬的自然对数(LNSALARY)来衡量高管利益。

公司规模:我们以公司总资产的自然对数(LNASSET)作为公司规模的替代指标。

行业特征(IND):该指标为哑变量,是该行业取 1,否则取 0。

国有股权比例(EQUITY):以国有股占公司全部股权的比例表示。

公司上市年限:从公司上市的年度至报告期的时间来计算确定。

二、实证检验及结果

在对以上指标进行界定的基础上,我们建立实证模型如下:

$$DIV = \beta_0 + \beta_1 LNQ + \beta_2 LNSALARY + \beta_3 LNFLU + \beta_4 EQUITY + \beta_5 LNASSET + \beta_6 LNAGE + \beta_7 INDUSTRY + \varepsilon$$

---

① 在聚源数据分析系统中,公司 Q 值的计算公式是:Q =(股票总市值 + 净债务)/有形资产的现行价值。其中,股票总市值 = 股票价格 × 公司发行的股票数目。有形资产的现行价值 = 公司账面总资产 − 无形资产 − 待摊费用 − 待处理损失 − 递延税款借项。净债务 = 负债总额 − 应付工资 − 应付福利 − 应付股利 − 其他应付款 − 预提费用 − 住房周转金 − 递延税款贷项。需要说明的是,有的研究在计算 Q 值时区分了流通股和非流通股,将流通股的价值按照股票价格计算,非流通股按照每股净资产计算。相关研究表明,全部按照股票价格计算与区分流通股与非流通股计算的结果的相关系数在 0.9 以上,因此,我们没有按照后一种方法进行计算。

其中，DIV 分别以收入的 HHI 指数、收入熵 EI 和行业数目以及企业是否多元化经营（哑变量，多元化经营取 1，否则取 0）这四个指标表示。

我们混合了我国深、沪两市上市公司在整个样本期间的横截面数据以及时间序列数据，即所谓的面板（panal）数据。采用面板数据进行回归分析，可以在一定程度上克服变量之间的多重共线性，而且面板数据通常含有很多数据点，会带来较大的自由度，同时截面变量和时间变量的结合能够有效地提高短期时间序列动态模型估计的准确性。在实际使用面板数据模型时，常假设模型系数不变，而截距项随时间和截面数据单位的变化而改变。解决变截距问题主要有两种方法，一种是使用固定效应模型，另一种是使用随机效应模型。Hausman 检验提供了在两种模型之间选择的方法。本研究样本数据的 Hausman 检验结果支持使用固定效应模型。

我们利用固定效应模型，对样本数据进行估计，所得结果如表 4-5 所示。

从回归结果的 F 值可以看出，四个回归模型均高度显著，因此都可以用来进行结构分析。

首先，就经济理性动机而言，尽管公司是否多元化以及多元化程度与公司价值之间呈正相关关系，但是在四个模型中系数都不显著。

就组织理性动机来看，公司多元化哑变量与收益波动的幅度存在负相关关系，即公司经营风险越大，公司越不可能进行多元化经营。从衡量多元化程度的三个指标来看，收入熵（EI）与收益波动负相关，我们前面分析过，收入熵指标的数值越大，表明公司的多元化程度越高，因此，收益波动与以收入熵衡量的多元化水平存在负相关关系；收入的 HHI 指数与收益波动幅度正相关，即 HHI 指数越小，收益波动幅度越小，而收入的 HHI 指数的数值越小，表明公司的多元化水平越高，因此，收益波动与以 HHI 指数衡量的多元化水平存在负相关关系；收益波动与公司经营所跨的行业数是负相关的。同时，在四个模型中，系数都高度显著。由此可以看出，上市公司的经营风险越大，上市公司越不可能选择多元化，其多元化程度也越低。因此，假说 2 得到证明。

表 4-5 多元化与各决定因素之间的关系的回归结果

变量	EI 系数	EI P值	HHI 系数	HHI P值	N 系数	N P值	DIV 系数	DIV P值
C	0.692	0.000	0.546	0.000	2.341	0.000	0.986	0.000
LNFLU	-0.027	0.000	0.012	0.003	-0.064	0.000	-0.014	0.029
LNQ	0.001	0.993	-0.014	0.471	0.017	0.823	0.009	0.774
LNSALARY	0.010	0.243	-0.011	0.077	0.019	0.406	0.029	0.003
LNASSET	-0.015	0.118	0.012	0.069	0.009	0.722	-0.033	0.003
LNAGE	0.060	0.004	-0.028	0.063	0.142	0.011	0.089	0.000
EQUITY	-0.160	0.000	0.091	0.000	-0.427	0.000	-0.153	0.000
IND_1	0.099	0.042	-0.048	0.161	0.213	0.098	0.056	0.313
IND_2	-0.396	0.000	0.240	0.000	-0.940	0.000	-0.327	0.000
IND_3	-0.189	0.000	0.108	0.000	-0.535	0.000	-0.136	0.003
IND_4	-0.150	0.000	0.081	0.004	-0.470	0.000	-0.085	0.061
IND_5	-0.585	0.000	0.351	0.001	-1.439	0.000	-0.573	0.001
IND_6	-0.242	0.000	0.142	0.001	-0.616	0.000	-0.231	0.001
IND_7	-0.240	0.000	0.152	0.000	-0.762	0.000	-0.241	0.000
IND_8	-0.398	0.000	0.232	0.000	-1.003	0.000	-0.311	0.000
IND_9	-0.364	0.000	0.206	0.000	-1.024	0.000	-0.323	0.000
IND_{10}	-0.317	0.000	0.179	0.000	-0.869	0.000	-0.267	0.000
IND_{11}	-0.240	0.000	0.124	0.000	-0.806	0.000	-0.134	0.001
IND_{12}	-0.152	0.019	0.098	0.033	-0.359	0.038	-0.145	0.049
IND_{13}	-0.284	0.000	0.164	0.000	-0.780	0.000	-0.262	0.000
IND_{14}	-0.100	0.080	0.055	0.174	-0.192	0.206	-0.019	0.769
IND_{15}	-0.207	0.000	0.118	0.000	-0.641	0.000	-0.183	0.000
IND_{16}	-0.163	0.000	0.096	0.000	-0.484	0.000	-0.173	0.000
IND_{17}	-0.283	0.000	0.158	0.000	-0.782	0.000	-0.200	0.000
IND_{18}	-0.085	0.638	0.055	0.668	-0.111	0.816	-0.109	0.596
IND_{19}	-0.234	0.000	0.151	0.000	-0.645	0.000	-0.259	0.000
IND_{20}	-0.079	0.053	0.049	0.093	-0.273	0.012	-0.035	0.452
IND_{21}	-0.157	0.020	0.092	0.054	-0.488	0.006	-0.175	0.022
Sample	3 580		3 580		3 580		3 580	
R^2	0.098		0.063		0.096		0.072	
F	15.396		9.939		15.046		11.32	
P 值	0.000		0.000		0.000		0.000	
Hausman(P 值)	0.000		0.000		0.000		0.000	

就个人理性而言,多元化与公司高管薪酬正相关,而且无论是系数还是显著性都高于其他两个动机,这表明我国上市公司高管人员具有强烈的动机来进行多元化经营。从衡量多元化程度的三个指标来看,尽管在以收入熵和行业数目衡量的多元化程度模型中不显著,但是符号与预期的一致,而且以 HHI 指数衡量的多元化程度与高管薪酬存在正相关关系,并在 10% 水平上显著,从而在一定程度上证明了假设 3,即我国上市公司的多元化经营模式的选择中存在个人理性动机。

股权结构极大地影响了上市公司的多元化经营模式的选择。首先,国有股占比与多元化负相关,而且在 1% 水平上显著,这充分表明,国有股占比越高的上市公司,越不可能选择多元化经营模式;其次,从三个衡量多元化程度的指标来看,多元化程度与国有股占比存在显著的负相关关系,即国有股占比越高,公司的多元化程度越低。因此,证明了假设 5。

公司上市时间的长短对公司多元化经营模式的选择产生了较大的影响。多元化与否与公司的上市年限正相关,即公司上市的时间越长,公司越可能选择多元化经营模式;同时,三个衡量多元化程度的指标都与公司的上市时间存在正相关关系。这表明,公司上市的时间越长,公司的多元化程度越高,由此证明了假设 6。

就行业特征而言,从表 4-5 的结果看,除了有限的几个行业,在绝大部分行业里,无论是是否选择多元化经营模式还是多元化程度都与行业高度相关,从而证明了假设 4,即我国上市公司的多元化具有行业特征。

公司规模与上市公司的多元化及多元化程度存在负相关关系,而且除了在以行业数衡量多元化程度的模型以外,在其他三个模型中都显著。这表明,公司规模越大,公司选择多元化经营模式的可能性越小,而且即使公司选择多元化经营模式,公司规模越大,多元化程度也越低。假设 7 得以证明。

第五节 研究结论

企业的多元化经营模式的选择源于企业所面对的外部环境和内部环境,因此,公司多元化经营受多种因素影响。本章从公司的主观动机和客观条件两个方面,对我国上市公司的多元化决定因素进行了实证检验。

研究结果表明,我国上市公司是否多元化以及多元化程度受多种因素影响。传统所认为的多元化经营的经济理性动机、组织理性动机以及个人理性动机,也不同程度地影响着我国上市公司进行多元化经营模式的选择,但相比较而言,我国上市公司的多元化经营模式的选择更多的是基于组织理性动机和个人理性动机,即多元化经营是公司控制风险考虑以及公司高管可能出于利己动机考虑。

研究还表明,我国上市公司是否多元化经营以及多元化经营的程度还受到公司规模、公司的股权结构、公司上市的时间长短以及公司所处的行业等因素影响。具体而言,公司的规模越大、国有股占比越高、上市时间越短的公司越倾向于专业化经营;反之,则越容易进行多元化。

尽管本章的研究涉及管理者的动机,但是,这一研究还是将管理者视为理性的经济人,管理者基于自身利益最大化来影响企业的多元化决策。但是,现实中,经理人和其他群体一样,也表现出有限理性的特征,而且在过度自信方面,可能更甚于其他群体。管理者的过度自信心理可能会影响到企业的多元化决策。因此,在第五章,我们从行为金融学视角进一步研究多元化的影响因素。

第五章

多元化与专业化：管理者过度自信视角

第一节 引 言

自 Rumelt(1974)的开创性研究,多元化一直是产业组织理论、战略管理和公司金融领域的学者们感兴趣的话题,同时也是一个极有争议的话题。企业的多元化动机源于企业所面对的外部环境和内部环境(Hoskisson 和 Hitt,1990),这一点已为人们所接受。与此同时,我们也看到,关于多元化的起源问题,目前却并没有一个统一的理论框架,不同领域的学者只是按照自己的研究设计,从自己所处的学科领域提出自己的观点或理论。但是,不同领域的学者从自己所在学科提出的一些假说往往会忽略了其他领域中存在的一些因素。恰如 Ramanujam 和 Varadarajan(1989)所说,学者们基于管理动机等提出了一些假说,而这些假说却忽视其他一些更有说服力的动机。

公司的多元化动因有多个方面。其中,代理理论从管理者的私利角度,探讨了经理人分散自身不可转移风险、追求高额薪酬等因素可能对公司多元化经营方式的影响。该理论认为,经理人会通过追求多元化发展战略来降低企业总风险,从而提升他们个人的地位。Amihud 和 Lev(1981)指出,如果管理人员在企业中具有大量的不可交易的人力资本投资,那么他们可能会发现,通过集团企业的多元化发展战略,来分散投资活动和降低破产概率,从而提升其工作安全系数和维持其在企业特有人力资本投资是有利可图的。同时,国内外相关研究表明,企业管理人员报酬往往与企业规模而非企业绩效更相关(Roberts,1959;Cosh,1975;杜胜利、翟艳玲,2005;等等)。代理理论看到了经理人对公司多元化战略决策的影响,但是管理者除了作为理性"经济人"追求私利等主观动机以外,其行为往往还受到自身的一些特征的影响,表现出有限理性的特征,如管理者过度自信这一心理特征。

企业管理者在过度自信心理的驱使下,可能会对企业的多元化战略产生重大影响。这一点对我国企业来说可能具有更强的现实意义。众所周知,我国绝大多数上市公司是由国有企业改制而来的,这使得它们天生就具有中国特色的国有企业的一些烙印。例如,很多上市公司的高管还是以前国有企业的领导,在企业的逐步成长中会很容易地滋生过度自信的心理,这会对企业的多元化战略产生深刻的影响。多元化可以分散企业的经营风险,同时,理论与实践已经证明,过度的多元化会破坏企业价值,增大企业的风险,甚至导致企业破产。这样的例子在我国可以举出很多,如三九药业等。过度自信的管理者的一个显著特征是高估收益,低估风险。在中国经济高速成长为公司创造很好的外部发展机会的环境下,过度自信的管理者可能仅仅看到多元化带来的好处,而忽略了其给公司带来的潜在危害。

从过度自信角度来研究我国上市公司的多元化问题,能会为我们揭示出以往所未能注意到的现象。因此,管理者过度自信与多元化之间关系的研究就构成了第五章的内容。同时,我们还将过度自信的管理者所选择的多元化战略对企业风险的影响作为拓展性研究,以揭示管理者过度自信对公司的破坏作用。

本章以我国证券市场 2002—2005 年的上市公司为研究对象,考察了管理者过度自信对我国上市公司多元化的影响,从行为金融学的研究视角,进一步地研究了公司多元化经营的影响因素。为了确保研究结论的稳健性,本部分在研究方法上进行了加强,具体体现在:(1) 分别采用两种方法来衡量管理者过度自信和企业多元化程度,分别采用两两配对进行回归,从而形成四个模型,然后考察这些模型的回归结果是否一致;(2) 对于同一个问题,从不同的角度、用不同的方法进行研究。这些措施在一定程度上增强了研究结论的可靠性。

第二节　文献回顾与理论基础

一、企业多元化动机

在企业多元化动机研究方面,人们提出了很多理论,如果从研究对象来划分，这些理论大体可分为以企业为研究对象和以管理者为研究对象。前者以市场势力理论和资源基础理论等为代表，而后者主要指委托—代理理论。我们首先简要介绍一下上述理论的主要观点。

市场势力理论认为，企业多元化的动机在于获取市场势力。通过横向补贴、互相容忍、互惠交换等方式，多元化企业可以获得竞争优势，从而在竞争中立于不败之地。Gribbin(1976)认为，上述竞争优势的取得需要企业的各种产品在相应的行业中都具有竞争优势，否则，整体的竞争优势就不可能获得。该理论预测企业的多元化经营会提高企业的业绩。

资源基础理论认为，企业之所以多元化经营，是因为它们拥有充足的资源。如果市场的不完备性或者资产的专用性导致企业无法出售剩余资源，它们将使用这些资源进行多元化(Teece, 1982; Nelson 和 Winter, 1982)。该理论认为，企业的多元化绩效是其资源储存量的函数。同时，因为不同的企业之间具有差异性，所以它们的最优多元化水平是不同的。

正如我们在前面所指出的，上述理论明显的缺陷是将企业视为一个"黑匣子"，忽略了企业管理者等的行为，而他们作为企业的决策者，直接决定着企业的战略方针与经营模式，对于我国企业来说更是如此。委托—代理理论注意到了这一问题，从而将重点放在研究管理者与股东行为对企业多元化的影响上。该理论认为，企业管理者之所以选择多元化经营，是出于最大化自身利益的目的。具体而言，这些目的包括：(1) 构筑商业帝国。管理者通过多元化经营，能扩大企业的规模，为自己带来相应的利益(Jenson, 1986)。(2) 管理者防御及壕沟效应。管理者会千方百计地选择有利于维持他们地位的投资项目，从而人为地放弃一些有价值的投资项目，给企业带来损失。Amihud 和 Lev(1981)认为，管理者都偏好多元化，因为这能降低他们所控制的企业的风险，从而维持他们在企业中的地位。而 Shleifer 和 Vishny(1989)则认为，管理者们偏好投资于那些需要他们的专有能力的投资项目，从而强化他们在企业中的地位。

在国内，有几篇文献从公司治理的角度探讨了影响我国上市公司多元化经营的因素。姜付秀(2006)发现，公司规模、股权结构、公司上市的时间长短、公司所处的行业等因素会对上市公司的多元化及其程度产生显著影响。张翼等(2005)发现，在国有控制的上市公司中，多元化程度与国有股比例呈 U 型关系，而在非国有控制公司中不存在这一关系。金晓斌等(2002)则发现公司特质和市场激励对企业多元化有显著影响。

二、管理者过度自信

在心理学家发现人们普遍存在过度自信心理特征后,经济学家们研究了这一特征在企业管理者中的表现。Cooper et al.(1988)对美国企业家的调查显示,创业企业家们认为别人的企业成功的概率只有59%,而自己成功的概率则高达81%。其中,只有11%的人认为别人的成功概率为100%,而相信自己成功的概率为100%的高达33%。这说明创业企业家们普遍存在着过度自信心理。但后续研究却发现,这些被调查企业中有66%以失败告终。Landier et al.(2004)对法国企业家的调查也显示,56%的创业企业家认为自己的企业能够发展下去,而只有6%的企业家对自己企业的前途感到担忧;而在跟踪调查三年以后,前者的比例下降为38%,而后者的比例上升为17%。

在成熟企业,这种过度自信特征也很普遍。Merrow et al.(1981)考察了美国能源行业设备投资情况,他们发现,企业管理者们往往非常乐观地低估设备投资成本,而实际成本往往是他们所预计成本的两倍以上。Statman et al.(1985)调查了其他一些行业,发现管理者们在成本和销售预测方面普遍存在过度乐观情绪。

以上述研究发现为基础,Roll(1986)开创性地提出了管理者"自以为是"假说,分析了过度自信的管理者对企业并购行为的影响。他认为,过度自信的管理者往往会高估并购收益,而且相信他所进行的并购能带来协同效应,从而会使得本身不具有价值的并购活动得以发生。

Heaton(2002)是继Roll之后的第二篇经典性论文,该文提出了一个基于管理者过度自信的投资异化模型,该模型将管理者过度自信、自由现金流变量结合起来,推导出在不同的自由现金流下,管理者过度自信会分别导致过度投资和投资不足。

在实证研究方面,Malmendier和Tate(2003、2005)做出了突出的贡献。他们在两篇分别研究管理者过度自信与企业投资、管理者过度自信与企业并购的论文中,分别发现管理者越过度自信,投资和现金流之间的敏感性越高;同时,管理者越过度自信,越容易实施并购行为。

Lin、Hu和Chen(2005)采用类似的方法用台湾的数据进检验了管理者过度自信与企业投资之间的关系,发现了同样的结论。

此外,Doukas和Petmezas(2006)、Brown和Sarma(2006)也研究了管理者过度自信与企业并购的关系,总体而言,都发现管理者越过度自信,越容易实施并购,特别是多元化并购;同时,过度自信管理者所发起的并购带来的回报要低于非过度自信管理者。

在国内,郝颖等(2005)采用管理人员持股数量的变化来衡量管理者过度自信,运用中国的数据研究了管理者过度自信与企业投资问题,发现了与 Malmendier 和 Tate(2005)一致的结论。余明桂等(2006)以国家统计局公布的企业景气指数作为管理者过度自信的替代变量,在稳健性检验时,他们以盈利预测衡量管理者过度自信,研究发现,管理者越过度自信,越喜欢进行激进的负债融资。

综合上述文献,我们可以看出,以企业为研究对象忽略了管理者等的行为,将它应用于普遍存在"内部人控制"的中国企业中可能会产生严重的后果。委托—代理理论虽然注意了这一问题,但它没有考虑管理者的有限理性因素,从而在解释一些现象时显得无能为力。虽然近年来有些文献研究了管理者过度自信与企业财务决策的关系,但是,可能是由于指标界定的困难,这一领域的文献仍旧是有限的,至于从管理者过度自信角度研究企业多元化问题及其经济后果的文献则还没有出现。在我国,由于相关数据难以获取,管理者过度自信更难界定,因此,已有的有限的文献或者是定性研究,或者在定量研究中,管理者过度自信指标的界定难以令人信服,从而在一定程度上也影响了研究结论的有效性。本章将针对以上问题进行一定的研究尝试。

第三节 数据与变量界定

一、数据与样本

本章的研究样本来自 2001 年以前上市的非金融类 A 股公司,研究区间为 2002—2005 年,扣除在此期间被 ST 的公司及缺失数据之后,共有 895 家样本公司,3 580 个观察值。

本章数据取自天相数据库及 CSMAR 数据库。

二、模型与变量

我们设立了如下检验模型,对管理者过度自信与上市公司多元化经营之间的关系进行实证检验:

多元化程度 = $\alpha_0 + \alpha_1$ 管理者过度自信变量 + α_2 控制变量 + ε

上述模型中涉及的变量定义如下：

1. 管理者过度自信变量

从数据的可获得性及我国证券市场的特殊情况出发，我们选择两个变量衡量管理者过度自信。

第一个是根据上市公司的业绩预告是否变化来判断上市公司的管理者是否过度自信。Hribar 和 Yang(2006)用美国的数据发现，过度自信的管理者在进行盈利预测时更容易出现高估偏差。Lin et al.(2005)用中国台湾地区的数据也发现了同样的结果。在这一点上，欧美人和亚洲人是相同的。

我们选择2002—2005年披露了一季报、半年报、三季报及年报业绩预告的公司作为样本选择的对象。从业绩预告类型来看，主要有预亏、预盈、预增、减亏和预降等形式，对于预增和预降两种类型，有些公司公布了变化幅度，如"增长50%以上"、"增长50%—100%"等，而有些公司只使用了"较大幅度"等较模糊的表述。我们统计了这些业绩预告信息，并且规定，如果公司在样本期内至少有一次实际的盈利水平低于预测的盈利水平，则将该公司的管理者定义为过度自信。实际盈利低于预测的类型共有三种：预盈，但实际亏损；预增，但实际盈利下降；预增，但增长幅度低于预测的幅度。同时，为了确保结果的稳健性，我们剔除了如下一些样本：(1)为了消除样本公司出于再融资目的而高估盈利，我们剔除了在盈利预测后的一年内进行了再融资的样本，Lin et al.(2005)也剔除了这类样本；(2)为了消除高管变动对企业的影响，我们剔除了其中在样本期内董事长或总经理发生了变更的样本。另外，我们还考虑了其他一些可能的高估盈利动机，例如，这些公司可能会与机构投资者等合谋，通过高估盈利操纵股价进行套现，这种操纵市场行为可能会受到证监会的惩罚，但通过分析，在我们的样本中没有发现这种情况。表5-1列出了这一变量的描述性统计。

表5-1 以盈利预测表示管理者过度自信的样本分布

	2002	2003	2004	2005	合计
895家样本中发布盈利预测的公司数	423	495	475	561	1 954
至少有一次盈利预测值大于实际值的公司	28	27	16	17	88
减：在发布盈利预测一年内进行了再融资的公司	3	0	2	2	7
样本期内董事长和总经理都发生了变更的公司	2	0	1	3	6
最后得到的样本	23	27	13	12	75

从表 5-1 中可以看出,在 895 家公司中,2002—2005 年至少进行了一次盈利预测的公司分别有 423、495、475 和 561 家,共 1 954 家,基本上都占全样本的一半以上。其中至少有一次盈利预测值大于实际值的公司分别有 28、27、16 和 17 家,共 88 家。在剔除盈利预测后一年内进行了再融资及样本期内董事长或总经理发生了变更的样本后,共得到 75 家公司,这 75 家公司便是本章所界定的过度自信样本。

第二个是用高管薪酬的相对比例来衡量。已有研究表明,CEO 相对于公司内其他管理者的薪酬越高,说明 CEO 的地位越重要,也越易过度自信(Hayward 和 Hambrick,1997)。Brown 和 Sarma(2006)发现,管理者的薪酬比例越高,他的控制力(dominance of power)越强。出于数据的可获得性,我们选择用"薪酬最高的前三名高管薪酬之和/所有高管的薪酬之和"来表示管理者的过度自信。该值越高,说明管理者越过度自信。表 5-2 列出了该变量的描述统计。

表 5-2 以高管薪酬的相对比例表示管理者过度自信的样本分布

	2002	2003	2004	2005	总体
均值	0.358	0.374	0.400	0.414	0.387
中位数	0.349	0.367	0.387	0.394	0.374
最大值	0.890	0.850	0.900	0.900	0.900
最小值	0	0	0	0	0
标准差	0.139	0.148	0.140	0.143	0.144
观测值	801	816	846	845	3 308

2. 多元化程度变量

本章采用两个指标来衡量企业多元化程度。其一是经营单元数,用公司主营业务收入所来源的行业数来衡量。经营单元数越多,说明多元化程度越大。其二是销售收入的 Herfindahl 指数,用公司各经营单元的销售收入占总收入比例的平方和来衡量,用公式表示为:

$$\text{Herfindahl 指数} = \sum S_i^2$$

其中,S_i = 某经营单元的销售收入/总收入。该指数越小,说明多元化程度越大,当取值为 1 时,属于专业化经营。

3. 控制变量

为了控制其他有关因素的影响,借鉴相关理论及已有文献,我们在模型中加入了如下控制变量。

实际控制人类别(CONTROL):Jensen 和 Meckling(1976)认为,提高

对企业有控制权的内部股东的股权比例,能有效地产生管理激励,降低代理成本,提高企业价值。Shleifer 和 Vishny(1997),La Porta 等(1998;2000),孙永祥、黄祖辉(1999),陈小悦、徐晓东(2001)等国内外学者基于不同的研究对象,都得出了股权结构影响企业价值或绩效的研究结论。股权结构中国上市公司的一个显著特点就是多数由国有股东控制。徐莉萍、辛宇和陈工孟(2006)认为,中国国有控股上市公司更多地面临着管理层私利行为产生的风险,即国有控股上市公司和非国有控股上市公司在代理问题上存在着显著的差异。而国有企业和民营企业由于代理问题等方面的差异,会造成企业投资行为的差异(欧阳凌、欧阳令南、周红霞,2005)。张翼、李习和许德音(2005)的研究表明,在国有控制的中国上市公司中,多元化程度与国有股权所占比例呈 U 型曲线关系,而在非国有控制公司中,没有证据表明存在这种关系。因此,实际控制人类别可能是多元化经营模式的影响因素之一。王化成、胡国柳(2005)的研究也表明,公司的多元化与公司的股权结构存在一定的相关性。对此,我们在模型中进行了一定的控制。

企业规模(SIZE):一般认为,多元化经营是规模较大企业的一个重要特征。Amey(1964),以及 Gollop 和 Monahan(1991)的实证研究表明,在制造业,企业规模与多元化之间存在着正相关关系。同时,从西方发达国家公司的发展历史看,那些规模巨大的公司大都是通过并购等方式,实现公司的多元化,在短时间内迅速将公司规模做大。在公司做大,具有一定的抗风险能力以后,逐步由多元化模式向主业突出经营模式转变。就我国公司而言,公司的规模越大,就越有可能从政府那里得到许多优惠政策和各种扶持,而且,随着我国加入 WTO,为了在与其他国家的主要竞争对手竞争中获得竞争优势,也有将公司做大的动机。通过多元化进入其他行业,是公司在短时间内迅速做大规模的一个主要的手段。因此,多元化经营往往是与公司的成长相伴而行,并处于公司发展的某一特定阶段。当公司规模发展到一定程度,尤其是公司在某一业务领域具有较强的竞争实力时,公司往往会逐步剥离一些与公司主业不相关的业务,集中公司的各种资源做强某一业务。同时,规模较大的公司已具备较强的抗风险能力,不一定要通过多元化经营来分散经营风险。

董事会规模(DIRSIZE):Lipton 和 Lorsch(1992)指出,许多董事会的功能紊乱,而这是由董事数量的上升造成的。他们建议限制董事会的人数为 10 个,最优的董事会规模应该是 8 个或 9 个。他们推测,即使董事会的监控能力会随着董事会规模的增大而增加,但是由此带来的成本也将超过上述利益,比如,缓慢的决策制定速度、举行更少的关于经理层绩效的公正性的讨论和对分享风险的偏离。Jensen(1993)、Alexander 等(1993)也认为规模大的董事会不如规模小的董事会那么富有效率。而 Preffer(1972;1973)、Provan(1980)、Ocasio(1994)则依据资源依赖理论,认为规模相对较大的董事会更有利于提高治理效率。依据该理论,董事会的规模可作为一个组织通过与外部环境相联系以获取关键资源的能力的计量指标,它反映了公司订约环境的大致"内容"和董事会服务所提供的专家建议的数量。对于外部有效联系的需求越大,董事会的规模就应该越大。我们控制了董事会规模对企业多元化的影响。

独立董事规模(DDSIZE):作为一种公司治理手段,独立董事的存在应该能够起到抑制管理者出于私利考虑所进行的高速扩张进而导致企业风险加大效应。Williamson(1985)认为,经理担任董事很容易把董事会变成管理阶层的工具,引入独立董事可以保证董事会对公司的基本控制关系不因管理阶层的介入而受到影响。Hermalin 和 Weisbach(2003)对相关实证研究所做的综述表明,独立董事比例会影响董事会在 CEO 更换、敌意收购、毒丸策略和 CEO 薪酬制定等各方面的决策行为,独立董事比例越高,董事会的决策行为更加有利于公司的发展。因此,为了控制独立董事对公司多元化经营战略的影响,我们将其作为控制变量,放入模型中。

负债比例(DEBT):负债不应当仅仅被视为一种融资手段,它同时也是一种重要的治理工具(Williamson,1988)。Jensen 和 Meckling(1976)认为负债水平的增加可以减轻经理对公司资产的侵占行为;进一步地,Jensen(1986)的自由现金流理论认为,负债会抑制企业的过度投资行为。Grossman 和 Hart(1982)指出,如果破产对经理而言成本很高,由于债务的增加使破产的可能性变大,因而能够激励经理人员努力工作和减少偷懒。另外,如果公司的负债水平已经很高,外部债务融资的空间有限,这可能会限制企业的多元化战略的实施。因此,我们控制了负债水平对企业多元化水平的影响。该指标用总负债与总资产的比值衡量。

成长性(GROW):企业的成长性反映了企业所在行业的地位以及发展机会。企业的成长性越好,其所在行业的发展机会可能就越多,因此,企业可能更倾向于在本行业内发展,而不会选择进行多元化经营。反之,如果企业成长性较差,说明企业在其行业内已经没有多大的发展空间,因此,企业可能选择另外的具有较好发展前景的行业进行投资,即企业可能选择多元化经营战略。Hyland 和 Diltz(2002)认为,处于成熟期、发展缓慢或者经营不善的企业,可以通过多元化经营来获取更多的发展机会,提高企业的经营业绩。

上市年限(AGE)：一般而言，公司在上市之初，为了突出主业，往往将一些不相关的业务剥离，这样，上市公司将具有较好的业绩表现，从而为公司今后的进一步融资打下坚实的基础。随着上市公司上市时间的不断增长，公司在具有较宽裕资本做好主业的同时[①]，公司有条件也有冲动来实施多元化战略。由于我国刚刚实施市场经济，公司既面临许多发展机遇，同时，公司又很容易受到经济波动等外部风险的冲击，有资本实力的公司通过多元化经营模式，进入那些具有较高盈利水平的行业，在降低公司经营风险的同时，也可以大大提高公司的盈利能力。

行业哑变量(IND)：多元化经营可能具有行业特征。因此，我们设置了行业哑变量。根据证监会的划分，将所有上市公司分成13类行业，我们设置了12个行业哑变量，以A类(农业)作为基准。

年度哑变量(YEAR)：本章的样本期间为2002—2005年，相应地设置了3个年度哑变量，以2002年为基准。

本章所涉及的变量及具体定义如表5-3所示。

表5-3 变量一览表

变量符号	变量名称	变量定义
CON_1	管理者过度自信1	盈利预测值大于实际盈利取1，表示过度自信，否则取0
CON_2	管理者过度自信2	金额最高的前三名高管报酬/高管报酬总额
N	多元化程度1	企业经营单元数
HHI	多元化程度2	收入Herfindahl指数
CONTROL	实际控制人类别	国有股东取0，非国有股东取1
DIRSIZE	董事会规模	董事会人数
DDSIZE	独立董事规模	独立董事人数/董事会总人数
DEBT	负债比例	年初负债总额/年初总资产
GROW	成长性	(上年主营业务收入 - 前年主营业务收入)/上年初总资产
SIZE	企业规模	年初总资产的自然对数
AGE	上市年限	观察年度 - 上市年度
IND	行业	按证监会划分的13个行业设置12个哑变量，以A类为基准
YEAR	样本年度	按2002—2005年分年度设置3个哑变量，以2002年为基准

[①] 已有的研究表明(阎达五、耿建新和刘文鹏，2001；黄少安、张岗，2001；等等)，我国上市公司存在强烈的股权融资偏好，而且无论公司是否具有较好的投资项目，只要公司具备再融资条件，公司就会进行再融资。

第四节　样本的描述性统计

表 5-4 和表 5-5 分别是以盈利预测反转和高管薪酬的相对占比衡量过度自信时对相关变量所进行的分组统计,其中在表 5-5 中,我们以 CON_2 为基础,如果该值在 2002—2005 年内每年都大于或等于 50%,则取 1,否则取 0,然后根据此变量将样本分为两组。

表 5-4　以盈利预测偏差(CON_1)衡量过度自信的描述统计

	观测值	均值	中位数	最小值	最大值	标准差
A. $CON_1 = 1$						
N	298	3.852	3.000	1.00	23.00	3.020
HHI	298	0.651	0.590	0.13	1.00	0.264
SIZE	298	21.087	20.965	18.98	23.92	0.882
AGE	298	7.104	7.000	3.00	13.00	2.231
CONTROL	298	0.191	0	0	1.00	0.394
DIRSIZE	298	10.111	10.000	5.00	15.00	2.080
DDSIZE	298	0.311	0.333	0	0.50	0.077
DEBT	298	0.515	0.513	0.08	0.97	0.176
GROW	298	0.527	0.167	-0.97	77.81	4.552
B. $CON_1 = 0$						
N	3 177	3.635	3.000	1.00	20.00	2.173
HHI	3 177	0.661	0.630	0.12	1.00	0.251
SIZE	3 177	21.184	21.160	16.88	24.78	0.993
AGE	3 177	7.519	7.000	1.00	15.00	2.452
CONTROL	3 177	0.272	0	0	1.00	0.445
DIRSIZE	3 177	9.737	9.000	5.00	19.00	2.225
DDSIZE	3 177	0.309	0.333	0	0.67	0.078
DEBT	3 177	0.549	0.522	0.01	6.55	0.377
GROW	3 177	0.306	0.138	-1.00	86.38	2.297
C. 全样本						
N	3 475	3.654	3.000	1.00	23.00	2.258
HHI	3 475	0.660	0.630	0.12	1.00	0.252
SIZE	3 475	21.176	21.144	16.88	24.78	0.984
AGE	3 475	7.484	7.000	1.00	15.00	2.436
CONTROL	3 475	0.265	0	0	1.00	0.442
DIRSIZE	3 475	9.769	9.000	5.00	19.00	2.216
DDSIZE	3 475	0.309	0.333	0	0.67	0.078
DEBT	3 475	0.546	0.521	0.01	6.55	0.364
GROW	3 475	0.325	0.142	-1.00	86.38	2.569

表5-5 以高管薪酬相对占比(CON_2)衡量过度自信的描述统计(按50%分为两组)

	观测值	均值	中位数	最小值	最大值	标准差
A. $CON_2=1$						
N	301	4.296	4.000	1.00	15.00	
HHI	301	0.594	0.540	0.14	1.00	0.247
SIZE	301	21.165	21.192	18.78	23.65	0.836
AGE	301	6.625	7.000	1.00	15.00	2.550
CONTROL	301	0.246	0	0	1.00	0.431
DIRSIZE	301	10.279	9	5.00	16.00	2.399
DDSIZE	301	0.308	0.333	0	0.50	0.074
DEBT	301	0.458	0.469	0.11	0.81	0.147
GROW	301	0.241	0.216	-0.49	1.31	0.257
B. $CON_2=0$						
N	3 174	3.593	3.000	1.00	23.00	2.248
HHI	3 174	0.666	0.640	0.12	1.00	0.252
SIZE	3 174	21.177	21.138	16.88	24.78	0.997
AGE	3 174	7.565	7.000	1.00	15.00	2.410
CONTROL	3 174	0.267	0	0	1	0.443
DIRSIZE	3 174	9.721	9.000	5.00	19.00	2.190
DDSIZE	3 174	0.309	0.333	0	0.67	0.078
DEBT	3 174	0.554	0.528	0.01	6.55	0.377
GROW	3 174	0.333	0.132	-1.00	86.38	2.687
C. 全样本						
N	3 475	3.654	3.000	1.00	23.00	2.258
HHI	3 475	0.660	0.630	0.12	1.00	0.252
SIZE	3 475	21.176	21.144	16.88	24.78	0.984
AGE	3 475	7.484	7.000	1.00	15.00	2.436
CONTROL	3 475	0.265	0	0	1.00	0.442
DIRSIZE	3 475	9.769	9.000	5.00	19.00	2.216
DDSIZE	3 475	0.309	0.333	0	0.67	0.078
DEBT	3 475	0.546	0.521	0.01	6.55	0.364
GROW	3 475	0.325	0.142	-1.00	86.38	2.569

从表5-4和表5-5可以看出,从两种过度自信变量来看,过度自信样本的多元化程度都要高于非过度自信样本和全样本(N较高,HHI较低)。从企业规模和上市年限来看,几类样本大致相同,其他变量的数值也大体相当,具有一定的可比性。

第五节 管理者过度自信与多元化经营之间关系的实证检验

表 5-6 报告了以多元化程度为被解释变量、以管理者过度自信为解释变量的 OLS 回归结果。Model 1—Model 4 分别以两种多元化程度变量和两种管理者过度自信变量作为被解释变量和解释变量,考察了管理者过度自信对多元化程度的影响,如果这四个模型所得到的结果一致,则我们的研究结论将是非常稳健的,从而会有较强的说服力。

表 5-6 管理者过度自信与多元化程度 OLS 回归结果

	以经营单元数表示多元化程度				以 Herfindal 指数表示多元化程度			
	Model 1		Model 2		Model 3		Model 4	
	系数	t 值	系数	t 值	系数	t 值	系数	t 值
截距项	2.675	2.966***	2.527	2.715***	0.726	7.277***	0.737	7.03***
CON_1	0.222	1.635*			-0.018	-1.214		
CON_2			0.632	2.305**			-0.082	-2.64***
CONTROL	-0.098	-1.114	-0.063	-0.708	-0.019	-1.914**	-0.024	-2.412**
DIRSIZE	0.054	3.048***	0.047	2.596***	0.002	0.929	0.002	0.947
DDSIZE	0.135	0.225	-0.259	-0.42	0.025	0.37	0.048	0.69
DEBT	-0.121	-1.355	-0.131	-1.459	0.024	2.45***	0.026	2.532***
SIZE	0.084	2.172**	0.082	2.071**	-0.011	-2.497***	-0.01	-2.168**
AGE	-0.05	-2.78***	-0.048	-2.601***	0.005	2.486***	0.005	2.383**
IND	控制		控制		控制		控制	
YEAR	控制		控制		控制		控制	
F 值	5.839***		5.916***		11.393***		10.492***	
Adj-R^2	0.029		0.032		0.062		0.06	

注:***、**、*分别表示在 1%、5% 和 10% 水平显著。

从 Model 1 和 Model 2 的回归结果来看,以经营单元数表示的多元化程度和两种过度自信变量之间的回归系数都显著为正,其中,Model 1 在 10% 水平显著,Model 2 在 5% 水平显著,说明管理者越过度自信,上市公司的多元化程度越大。从 Model 3 和 Model 4 的回归结果来看,以 Herfindahl 指数表示的多元化程度和两种过度自信变量之间的回归系数都为负数,但 Model 3 不显著,Model 4 在 1% 水平显著。因为 Herfindal 指数越小代表多元化程度越低,所以也说明管理者越过度自信,企业的多元化程度越大。综合上述四个模型的结果,我们认为有较强的支持证据表明,管理者越过度自信,企业的多元化程度越大。模型中的四个控制变量基本上都显著,F值在每个模型中都显著,说明模型的拟和效果较好。

为了研究上述回归结果在不同的年度是否稳健,我们分别用每年的数据对上述四个模型进行了回归分析。结果表明,上述各解释变量的系数符号都一致,从而证明了上述结论具有较强的稳健性。

第六节 拓展研究:管理者过度自信对多元化—企业风险的影响

一般认为,多元化由于"把所有的鸡蛋放在不同的篮子里",从而可以达到分散和降低企业风险的效果。姜付秀、刘志彪和陆正飞(2006)基于中国上市公司的研究表明,多元化可以降低企业收益的波动性。但是,由于过度自信的管理者可能高估收益、低估风险,从而可能会不顾企业的自身条件,盲目进行多元化,增大企业的风险。为此,我们实证检验了管理者过度自信对多元化—企业风险之间关系的影响。

我们采用 Z 来衡量企业风险,该值直接取自聚源数据库,在该数据库中,该指标被定义为:$Z = 0.012 \times$ 营运资金 $\times 100/$ 总资产 $+ 0.014 \times$ 留存收益 $\times 100/$ 总资产 $+ 0.033 \times$ 息税前利润 $\times 100/$ 总资产 $+ 0.006 \times$ 股票总市值 $\times 100/$ 负债账面价值 $+ 0.999 \times$ 销售收入 $\times 100/$ 总资产。Z 值越小,说明企业的风险越大。

表 5-7 报告了管理者过度自信与多元化—企业风险关系的 OLS 回归结果。在模型中,我们以 Z(企业风险)作为被解释变量,以管理者过度自信变量与多元化程度的交叉项作为解释变量。在模型中同时包括了多元化程度变量,用以检验多元化程度与企业风险之间的关系。为了检验结果的稳健性,和前文一致,我们在模型中分别采用了两种多元化程度变量和两种管理者过度自信变量,从而形成了四个模型(Model 5—Model 8)。因为变量中的交叉项可能造成多重共线性,我们统计了上述模型中每个变量的方差膨胀因子(VIF),以检查变量间是否存在多重共线性,检验结果表明,该指标都在 2 以内,说明模型不存在严重的多重共线性问题。

表 5-7 管理者过度自信与多元化—企业风险关系的 OLS 回归结果

	以经营单元数表示多元化程度				以 Herfindal 指数表示多元化程度			
	Model 5		Model 6		Model 7		Model 8	
	系数	t值	系数	t值	系数	t值	系数	t值
截距项	6.198	4.980***	7.142	5.503***	5.568	4.422***	5.761	4.253***
CON_1	0.054	0.176			1.110	2.245**		
CON_2			-2.418	-3.400***			0.356	0.344
N	0.058	2.286**	0.156	2.219**				
HHI					-0.717	-3.203***	-1.312	-2.178**
$CON_1 \times N$	-0.035	-1.644*						
$CON_2 \times N$			-0.316	-1.87*				
$CON_1 \times HHI$					1.412	2.010**		
$CON_2 \times HHI$							2.462	1.709*
AGE	0.075	3.036***	0.077	3.051***	0.078	3.120***	0.079	3.111***
CONTROL	-0.136	-1.109	-0.144	-1.154	-0.110	-0.893	-0.129	-1.030
DIRSIZE	-0.050	-2.060**	-0.034	-1.378	-0.057	-2.318**	-0.040	-1.566
DDSIZE	1.274	1.535	0.983	1.161	1.205	1.435	0.911	1.064
DEBT	-4.789	-38.040***	-4.888	-38.500***	-4.781	-37.700***	-4.885	-38.16***
ROE	0.181	2.182**	0.182	2.230**	0.177	2.122**	0.176	2.147**
GROW	0.021	1.066	0.046	1.693*	0.021	1.019	0.042	1.568
ZBZC	0.151	1.929*	0.153	1.985*	0.147	1.869*	0.147	1.901*
SIZE	-0.036	-0.681	-0.049	-0.910	-0.035	-0.649	-0.048	-0.886
IND	控制		控制		控制		控制	
YEAR	控制		控制		控制		控制	
F 值	69.947***		70.692***		68.939***		69.364***	
Adj-R^2	0.342		0.36		0.34		0.358	

注：***、**、*分别表示在 1%、5% 和 10% 水平显著。

我们首先考察多元化程度与企业风险之间的关系。从表 5-7 中可以看出，以经营单元数（N）表示多元化程度时（Model 5，Model 6），多元化程度和企业风险之间的系数显著为正，其中 Model 5 在 1% 水平显著，Model 6 在 5% 水平显著，说明多元化程度越大，企业风险越小。以 Herfindal 指数（HHI）表示多元化程度时（Model 7，Model 8），两个模型中多元化程度和企业风险之间的系数都显著为负，其中 Model 7 在 1% 水平显著，Model 8 在 5% 水平显著。因为 Herfindal 指数越小代表多元化程度越低，所以这一结果也支持多元化程度越大、企业风险越小的结论。综合上述结果，我们发现较强的证据支持多元化程度越大、企业风险越小的结论。这一结论也和其他众多的类似研究的结论一致，说明我国上市公司的多元化投资的确存在风险降低效应。

在上述结论的基础上，我们考察了管理者过度自信对我国上市公司这种多元化—企业风险关系的影响,看管理者过度自信对这种关系是正向还是反向的影响。从 Model 5 和 Model 6 的回归结果可以看出,在以经营单元数(N)表示多元化程度时,这一变量与两种过度自信变量所形成的交叉项($CON_1 \times N, CON_2 \times N$)的回归系数都为负,且均在 10% 水平显著,说明管理者的过度自信特征对多元化—企业风险之间关系的影响是反向的;从 Model 7 和 Model 8 的回归结果可以看出,在以 Herfindal 指数表示多元化程度时,这一变量与两种过度自信变量所形成的交叉项($CON_1 \times HHI$, $CON_2 \times HHI$)的回归系数都为正,其中 Model 8 在 5% 水平显著,Model 7 在 10% 水平显著,和前面的结论基本一致。综合上述结论,我们发现:管理者过度自信的企业所进行的多元化的风险减低效应要显著低于其他企业。

为了验证上述结论的稳健性,我们另外进行了稳健性检验,考察多元化程度提高前后的企业风险变化。我们首先找出在相邻的两年内经营单元数增加的样本,共得到 731 个样本,根据前文的定义,这 731 个样本提高了多元化程度;然后分别统计了它们在经营单元数增加前后 Z 值的平均值和中位数,结果见表 5-8 的 A 部分。从表中可以看出,经营单元数增加后的 Z 值的平均值和中位数都要高于增加前的值,t 检验结果在 1% 水平显著,说明多元化程度的提高带来了企业风险的下降,这与前面的回归结果一致。

表 5-8 经营单元数增加前后的 Z 及其变化比较

A:经营单元数增加前后 Z 值的比较				
组别	观测值	平均值(Z)	中位数(Z)	t 检验
单元数增加前	731	2.291	1.855	
单元数增加后	731	3.090	2.320	-7.328***
B:以 CON_1 表示管理者过度自信时 Z 增加值的比较				
组别(CON_1)	观测值	平均值 ($Z_1 - Z_0$)	中位数 ($Z_1 - Z_0$)	t 检验
0	644	0.757	0.43	
1	67	0.249	0.22	2.677***
C:以 CON_2 表示管理者过度自信时 Z 增加值的比较				
组别(CON_2)	观测值	平均值 ($Z_1 - Z_0$)	中位数 ($Z_1 - Z_0$)	t 检验
0	655	0.844	0.43	
1	76	0.415	0.38	2.361**

在此基础上,我们检验了管理者过度自信对多元化—企业风险关系的影响。我们分别按两个过度自信变量(CON_1,CON_2)将731个样本分成两组(见表5-8的B和C部分),然后分别计算了企业风险的增加值,方法是用单元数增加后的Z减单元数增加前的Z(表中的Z_1-Z_0)。从表中可以看出,两种情况下,过度自信样本的Z增加值的平均值和中位数都小于控制样本,说明过度自信样本的多元化所带来的风险降低要低于控制样本。在过度自信变量是CON_1的情况下,t检验结果在1%水平显著,而在CON_2的情况下在5%水平显著。上述结果说明我们的结论是非常稳健的。

第七节 研究结论

企业多元化动机及其经济后果一直是多元化研究领域的主要议题,本章以我国上市公司2002—2005年的数据为基础,从管理者过度自信这一新的角度研究了这两个问题,得到了一些新的发现。研究结果表明,管理者过度自信变量和多元化程度变量之间具有显著的相关关系,证明过度自信的管理者更偏好多元化经营。拓展性检验的结果表明,管理者过度自信的企业所进行的多元化的风险减低效应要显著低于其他企业。

本研究丰富了多元化理论研究,从新的角度诠释了企业多元化的动机及其经济后果,为后续研究奠定了一定的基础。同时,这一研究结论对我国企业的多元化实践具有很强的现实指导意义。如何通过各种治理措施预防与纠正高管过度自信所导致的盲目多元化是我们应该高度关注的问题。

第六章

多元化与专业化：
经济后果视角

第一节 引 言

从我国上市公司的实际情况来看，有些上市公司是专业化经营的，但更多的上市公司的业务往往跨多个不相关的行业。以 2004 年我们所考察的在 2000 年底前上市的 899 家公司为例，70% 的公司是跨越两个以上的行业进行经营，全部样本公司所跨行业的平均值为 2.168。从这些公司的实际业绩情况看，多元化经营的公司中不乏业绩佼佼者。

由此，值得我们深思的问题：为什么西方企业界从 20 世纪 60 年代开始进行多元化，而到了 20 世纪 90 年代又否定这一做法？为什么在西方理论界普遍认为多元化将破坏企业价值、企业应专业化经营的今天，中国企业界又在热衷于此？是不是因为在多元化经营的企业特性以及企业所处的宏观经济环境和条件方面，中国与西方发达国家存在重大差异？目前，中国没有成形的企业理论去说明这个现象，学者们一般是搬用西方学术界的说法。理论与实践的巨大偏差激励我们对这一问题进行深入分析。

公司的多元化经营具有经济后果。但是，学者们在多元化是否提升企业绩效、创造价值这一问题上却并没有形成统一的研究结论。从实证研究的情况看，学者们更倾向于认为，多元化会破坏企业价值，其中的典型代表为 Lang 和 Stulz(1994)。

在企业理论中，马里斯(Marris,1963)模型最早对企业多元化与企业利润率之间的关系进行了研究。他认为，为了追求企业成长，企业必须以牺牲一部分利润率为代价。而企业多元化是企业成长的函数，因此，多元化与企业成长之间存在负相关关系。但是，需要引起我们注意的是，这一负相关关系是有一定的前提假设的。同时,马里斯本人也认为,只有在企业增长率达到一定的数值后,两者才变为负相关关系;而在非常低的增长率的情况下,增长率和利润率之间会呈现出正相关关系。从我国的实际情况来看,马里斯模型所揭示的增长和利润之间存在负相关关系的前提假设可能并不成立。因此,马里斯模型所揭示的增长(多元化)和利润之间存在负相关关系在我国可能不一定成立,多元化对企业价值的损害作用可能并没有真正体现出来。

正是基于以上认识,本章首先从马里斯模型分析入手,通过分析指出:马里斯模型所揭示的利润与增长率之间负相关关系的前提假设可能在我国并不成立,以此作为本章实证分析的理论基础。我们以不同的衡量指标,对我国上市公司的多元化经营状况进行了详细的考察,在此基础上,深入地研究了我国上市公司的多元化经营与企业价值之间的关系,以及多元化经营是否分散了公司的经营风险,降低了公司收益的波动性。同时,我们还从公司的资本成本这一视角,对多元化的经济后果进行了拓展性检验。另外,根据马里斯增长理论,企业在一定阶段,企业成长可能带来利润率的提高,只有在企业增长达到一定程度后,企业的高速成长才可能与利润率呈负相关关系,即马里斯模型暗含着在增长和利润率关系之间存在着一个拐点。我们对马里斯模型所讲的"拐点"是否在我国上市公司中已经出现进行了进一步的拓展研究。

本章试图从多元化经营对上市公司收益波动、企业价值以及资本成本的影响分析入手,从多元化的经济后果角度,对我国上市公司多元化经营的原因提供一个间接的解释。

第二节 相关文献回顾

关于多元化的经营后果,在学术界和实务界主要有以下三种观点:多元化经营能够为企业创造价值;多元化经营会破坏企业价值;多元化经营能否成功取决于企业是否具有成熟的内部条件和外部环境。

为了更直观地了解国内外在这一领域的相关文献,我们将一些主要的有代表性的观点以表格的形式给出,如表6-1所示。

表 6-1 国内外学者关于多元化与企业绩效(价值)的相关研究

作者	多元化定义	绩效定义	样本	结论	发表刊物	发表时间
Rumelt	行业数(SIC-3)	资本收益率	1949、1959、1969年美国公司	适度多元化经营公司的生产率更高;不相关多元化企业的盈利能力显著低于相关多元化的企业	Harvard Business School Press	1974年
Jensen	行业数	净自由现金流的现值	以1970—1980年美国石油业为例	多元化公司与专业化企业相比,更容易投资于那些净现金流为负的项目	American Economic Review	1986年
Lang Stulz	经营单元数和收入 Herfindahl 指数	Tobin's Q	1978—1990年 Compustat 数据库	Tobin's Q 与多元化是负相关的;多元化公司比相应的专业化公司拥有更低的 Q 值	Journal of Political Economy	1994年
Lins Servaes	业务单元数(SIC-2)	超额价值(excess value)	1994—1996年 Worldscope 数据库	日本和英国上市公司分别存在10%和15%的多元化折扣,德国上市公司则有一定的多元化溢价(统计不显著)	Journal of Finance	1999年
Maksimovic Phillips	业务单元数(SIC-3)	全要素生产率(TFP)	1975—1992年 Longitudinal Research 数据库	就同样规模企业而言,多元化企业的生产率低于非多元化企业;多元化折价的原因在于多元化的低效率;没有证据表明多元化企业为非效率业务单元提供补贴	Journal of Finance	2002年
Villalonga	经营单元数(SIC-4)、收入 Herfindahl 指数、总的资产熵值、相关熵值、不相关熵值(SIC-2)	超额价值(excess value)	1989—1996年 Compustat 数据库和 BITS 数据库	Compustat 企业存在多元化折价现象,BITS 企业则存在多元化溢价现象	Journal of Finance	2004年
朱江	经营单元数和收入 Herfindahl 指数	净资产收益率、每股盈余、毛利率	146家上市公司	多元化经营与业绩指标之间没有显著因果关系,但与利润水平波动程度成正比,因此多元化能降低经营风险	经济研究	1999年
金晓斌等	收入熵(Entropy)	超额价值	1998—2000年沪深网市379家上市公司	多元化经营本身是中性的;多元化的市场激励主要来自高成长性的追求;公司多元化确实存在一个度;相关多元化策略优于不相关多元化策略	经济研究	2002年

从表 6-1 我们可以看出,国内外学术界对这一研究领域是相当重视的,许多研究都发表在相关领域的非常有影响的刊物上。同时,我们也可以看出,学术界在多元化经营与企业价值之间关系的认识上并没有达成共

识,不同的学者从不同的角度,利用不同的数据资料得出了不同的结论。近年来,学者们逐步认识到,样本选择的偏差可能是导致研究结论差异的主要因素。由此,我们可以合理推断,多元化经营与企业价值之间的关系,在不同国家、不同时间,可能会呈现出不同的特征。

近年来,关于多元化与企业价值的关系研究也引起了我国学术界的关注,出现了一些研究成果。但是,总的来说,由于数据收集的困难,以及企业的多元化难以衡量,所以国内学者对多元化经营的定量研究并不多。我们认为,由于国情的不同、国家经济发展所处阶段的不同等方面的原因,我国上市公司的多元化经营特点、多元化经营与企业价值以及收益波动之间的关系可能具有异于其他国家的地方。

另外,从国内外已有的研究来看,学者们在多元化经营这一研究领域,大多是从多元化经营对企业价值的影响这一角度进行研究的,尽管学者们也承认多元化经营可以分散企业的经营风险,但是可能是基于他们的研究结论认为多元化经营对企业价值有害,因而多元化经营可以分散企业的经营风险,从而对企业价值有利的一面就被有意无意的忽视了;同时,认为多元化经营对企业有益的学者,往往只是寻找多元化经营对企业价值有促进作用的证据,多元化可以分散企业经营风险这一作用也没有被提及。从我国已有的研究来看,基于数据收集的困难,学者们的研究样本及研究区间很有限,这也可能会在一定程度上影响研究结论的有效性。针对以上问题,本章试着进行一定的研究尝试。

第三节 理论基础:企业成长、多元化与利润率[①]

1963年,马里斯发表了一个关于经理控制的增长最大化的一致且完整的企业理论。这一理论以及马里斯随后对该理论所进行的修正,已成为研究经理控制型企业的标准模型。我们认为,这一模型对于我们准确理解现阶段我国上市公司所进行的多元化经营,以及多元化经营与公司业绩表现之间的关系,具有较强的理论价值。

在马里斯模型中,企业的成长取决于需求因素和供给因素。从需求增

---

① 关于该部分涉及内容的详细讨论,可以参见多纳德·海等著,钟鸿钧等译,产业经济学与组织(下)第十章的内容。

长这一方面来看,马里斯认识到企业通常是多品种生产的,企业进行引入新产品的多元化经营不仅仅是一种重要的竞争工具,而且是企业增长的主要动力。同时,成功的多元化除了可以实现企业成长的目标之外,还能有助于企业占有一个新领域,从而获得更高的利润,防止任何一个单一市场条件的恶化而增加安全性,等等。因此,为了比自身赖以生存的市场增长得更快,企业必须进行进一步成功的多元化经营。从而有:

$$g_D = f_1(\hat{d}) \tag{1}$$

其中,g_D 表示需求的增长,$\hat{d}$ 表示成功的多元化水平,即企业增长是多元化水平的函数。

当然,企业进行多元化扩张也会带来显著的成本,这些扩张成本降低了企业的资本回报率。在马里斯模型里,企业的扩张成本函数为:

$$\hat{d} = f_2\left(\frac{1}{m}v\right) \tag{2}$$

其中,m 为利润率,v 为资本产出率,即企业的多元化经营在提高资本产出率的同时,也带来了利润率的降低。

就供给因素来看,企业的增长取决于新投资所需资本的增加。在企业进行外部融资的情况下,企业所能筹集的资本取决于资本回报率。从而有:

$$g_s = \alpha p \tag{3}$$

其中,α 表示每单位利润所带来的新投资,p 表示资本回报率。

均衡时,

$$g_s = g_D \tag{4}$$

解该模型,可得:

$$g_D = f_3(1/p) \tag{5}$$

即需求的增长是资本回报率的反函数,因为通过更快的多元化而获得的较快的增长,或者要求一个较低的利润率,或者导致较高的资本产出系数,它同样降低了资本回报率。方程(3)、(4)、(5)共同唯一地决定了企业的资本回报率和增长速度。

尽管马里斯模型揭示了企业增长和利润率之间存在负相关关系,但是,需要引起我们注意的是,这一负相关关系是有一定的前提假设的:首先,在给定利润率水平上总存在着一个需求增长的上限,比这个上限更快的增长只能以牺牲利润率来获得;其次,更高程度的多元化,使得经理在每个经营方向上所分配的管理资源将会更少,这样导致了每个经营方向上的技术、财务、市场营销和开发等工作不能很好地展开;最后,企业在经营多元化扩张过程中,需要雇用更多的对企业不熟悉的新经理,从而影响了管理的效率。在这些假设下,企业通过多元化增长将导致利润水平的降低。

另外,还需要引起我们注意的是,马里斯本人也认为,只有在增长率达到一定的数值后,两者才变为负相关关系;而在非常低的增长率的情况下,增长率和利润率之间会呈现出正相关关系。其原因有如下三个:

首先,在零增长和没有多元化的情况下,许多盈利机会可能都被错过了,从而企业增长率的提高可能正好提高了利润率,因为在一个新市场上的利润率会比在一个饱和市场上相对要高。

其次,任何成功的多元化在初期都会由于暂时的垄断地位而给企业带来相对较高的利润,只是随后由于竞争的加剧,利润率才会下降。通过多元化获得的增长,能够使企业在产品的初期获得短暂的垄断利润。

最后,零增长往往展示着企业面临的商业环境暗淡,通过多元化实现增长,将不断激发管理者的效率,从而达到更低的资本产出系数和更高的利润率。应对变化以及对变化的管理是管理人员所面临的真正挑战。因此,多元化所实现的增长,为管理者的灵活性、创新、施展管理才能和赢得威望提供了一个舞台与机会,从而可以不断地激发管理者的潜能和效率。

我们认为,除以上讨论外,从我国的现实情况来看,马里斯模型所揭示的增长和利润之间存在负相关关系的前提假设可能并不成立。

首先,尽管在一定程度上,我国上市公司的规模增长很快,但是,由于我国市场经济体制刚刚建立,公司面临着许多发展机会,在这样的环境中企业的快速成长是很正常的事情,因此,企业需求增长的上限可能还不存在。

其次,经理等管理资源对企业增长的约束也只有到企业增长到一定阶段以后才会发挥作用,目前这一阶段可能还没有达到。一直以来,公司的管理资源闲置可能是经常看到的情况,这一点在国有企业更甚;而上市公司具有特殊地位和股权融资特权,资本的约束对于那些上市公司而言也比较轻微。

最后,在我国,公司可能正处在马里斯所认为的出现增长和利润之间存在负相关关系前的阶段,在中国宏观经济总体高速增长的大环境下,企业所面临的外部发展机会非常之多,企业如果不进行多元化扩张,可能会失去很好的发展机会。

因此,马里斯模型所揭示的增长和利润之间存在负相关关系在我国可能不一定成立,多元化对企业价值的损害作用可能并没有真正体现出来。

第四节 研究样本及变量定义

一、研究样本及区间

本章以 2000 年前上市的深沪两市的全部非金融类上市公司作为研究样本。截至 2000 年 12 月 31 日,深、沪两市发行 A 股的上市公司数目为 955 家,在剔除了数据不全的公司后,共得到 899 个研究样本。研究区间为 2001—2004 年。

二、多元化的度量指标

我们认为,以单一的指标往往难以准确地衡量出企业的多元化程度。因此,我们在进行研究时,采用以下三个指标来对多元化进行衡量:企业经营所跨的行业数目、销售收入的 Herfindahl 指数、收入熵(Entropy,EI)。

1. 行业数目(N):公司主营业务收入所涉及的行业个数。行业分类采用中国证监会行业分类标准。

2. 销售收入 Herfindahl 指数(HHI): $HHI = \sum_{i=1}^{n} P_i^2$。其中 P_i 表示行业收入占总收入的比重。多元化程度越高,Herfindahl 指数就越低,当企业专业化经营时,该指数为 1。该指数比行业数更准确地衡量了企业的多元化程度。例如,有两个企业都在两个行业进行经营,其中一个企业两个行业的收入比为 90∶10,另一个企业的收入比为 50∶50,以 Herfindahl 指数衡量的多元化程度是不同的,前者为 0.82,后者为 0.5,前者高于后者,即是说前者比后者更趋向于专业化,而仅仅以行业数来衡量企业的多元化程度并没有反映出这种差别。因此,Herfindahl 指数更准确地衡量了企业的多元化程度,而且该指数越小表明公司的主业越不突出。

3. 收入熵(Entropy,EI):$EI = \sum_{i=1}^{n} P_i \ln(1/P_i)$。多元化程度越高,收入熵就越高。当企业专业化经营时,该指数为 0。该指数和 HHI 指数一样更准确地衡量了企业的多元化程度。但该指数与 HHI 指数恰好相反,该指数越大,表明公司主业越不突出。

三、企业价值的度量指标

国外学者在研究企业价值时,一般用 Tobin's Q 指标来衡量(如 Morck, Shleifer 和 Vishny, 1988; Faccio 和 Lang, 2002 等)。Tobin's Q 指标在数值上等于企业的市场价值与企业重置成本的比率,比率高意味着投资者相信公司将迅速成长,因而更愿意向该公司投资;反之,比率低则说明投资者对公司的发展前景没有信心。我国一些学者在研究我国上市公司价值时,也将 Tobin's Q 作为企业价值的重要衡量指标(如 Bai 等,2002;苏启林和朱文,2003;王明琳、周生春,2006;等等)。我们以 Tobin's Q 值的自然对数(LNQ)作为企业价值的替代指标,上市公司的 Tobin's Q 值直接取自"华泰证券的聚源数据分析系统"[①]。

四、收益波动的度量指标

我们以上市公司每股收益(调整后)的变化衡量公司的收益波动。为了能够准确反映上市公司的收益波动情况,我们将上市公司的每股收益的取值区间延伸到 1999 年,以三年为一个时间区间,计算出在这一区间内的收益的标准差,依此递延,计算出截止到 2004 年的各上市公司的每股收益的标准差。我们认为,以一个时间区间而不是一个时点来进行考察,可能更为细致、准确地刻画了上市公司的收益波动情况。具体的计算公式为:

$$Flu\_EPS = \sqrt{[EPS_t - (\sum_{t=1}^{3} EPS_t)/3]^2 + [EPS_{t-1} - (\sum_{t=1}^{3} EPS_t)/3]^2 + [EPS_{t-2} - (\sum_{t=1}^{3} EPS_t)/3]^2}$$

标准差指标可以较好地衡量上市公司的收益波动情况,该数值越大,说明上市公司的收益波动越剧烈。

[①] 在聚源数据分析系统中,公司 Q 值的计算公式是:Q =(股票总市值 + 净债务)/有形资产的现行价值。其中,股票总市值 = 股票价格 × 公司发行的股票数目。有形资产的现行价值 = 公司账面总资产 - 无形资产 - 待摊费用 - 待处理损失 - 递延税款借项。净债务 = 负债总额 - 应付工资 - 应付福利 - 应付股利 - 其他应付款 - 预提费用 - 住房周转金 - 递延税款贷项。需要说明的是,有的研究在计算 Q 值时区分了流通股和非流通股,将流通股的价值按照股票价格计算,非流通股按照每股净资产计算。相关研究表明,全部按照股票价格计算与区分流通股与非流通股计算的结果的相关系数在 0.9 以上,因此,我们没有按照后一种方法进行计算。

第五节 多元化经营、企业价值与收益波动的相关性检验

我们对我国上市公司以不同指标衡量的多元化程度与公司的 Tobin's Q 值,以及与公司每年的每股收益波动情况进行相关分析,所得结果如表 6-2 所示。

表 6-2 多元化与企业价值、每股收益波动相关情况

2001 年	HHI	EI	N	Tobin's Q	Flu-EPS
HHI	1				
EI	-0.986***	1			
N	-0.776***	0.827***	1		
Tobin's Q	-0.147***	0.141***	0.093***	1	
Flu-EPS	0.074**	-0.073**	-0.054*	-0.071*	1
2002 年	HHI	EI	N	Tobin's Q	Flu-EPS
HHI	1				
EI	-0.973***	1			
N	-0.891***	0.825***	1		
Tobin's Q	-0.133***	0.132***	0.104***	1	
Flu-EPS	0.044	-0.048	-0.056*	0.136***	1
2003 年	HHI	EI	N	Tobin's Q	Flu-EPS
HHI	1				
EI	-0.990***	1			
N	-0.793***	0.942***	1		
Tobin's Q	-0.020	0.018	0.0001	1	
Flu-EPS	0.063*	-0.065**	-0.056**	0.225***	1
2004 年	HHI	EI	N	Tobin's Q	Flu-EPS
HHI	1				
EI	-0.955***	1			
N	-0.797***	0.937***	1		
Tobin's Q	-0.112***	0.104***	0.075**	1	
Flu-EPS	0.078**	-0.079**	-0.077**	0.146**	1

(续表)

Average	HHI	EI	N	Tobin's Q	Flu-EPS
HHI	1				
EI	-0.988***	1			
N	-0.915***	0.95***	1		
Tobin's Q	-0.144***	0.144***	0.116***	1	
Flu-EPS	0.047**	-0.045**	-0.062**	0.069**	1

注：(1) ***、**、*分别为1%、5%、10%水平显著。
(2) 表中数值为spearman相关系数。
(3) Average为2001—2004年各指标的平均值。

在对每年各变量之间进行相关分析的基础上，为了从一段时期来看，这一关系是否存在，我们还对2001—2004四年中的各变量值进行平均，然后对变量的平均值进行相关分析，所得结果同时在表6-2中给出。

通过表6-2我们可以看出，除2003年外，多元化经营与企业价值之间存在着显著的正相关关系；通过对四年各指标的平均值进行相关分析，所得结果相同。这说明了我国上市公司的多元化经营对企业价值存在着正向影响，即我国上市公司多元化经营提高了公司价值。

就多元化经营与每股收益波动之间的关系来看，除2002年外，每股收益波动与多元化经营之间存在着显著的负相关关系（但该年当期的上市公司的收益波动与作为多元化替代变量的行业数之间是负相关，而且是显著的）。同时，从四年的各指标的平均水平看，每股收益波动与多元化经营之间也是负相关的。这表明我国上市公司的多元化经营降低了公司每股收益的波动，这可能是因为多元化经营在一定程度上分散了上市公司的经营风险。

第六节　多元化经营、企业价值与收益波动之间关系的实证检验

为了更好地揭示我国上市公司多元化经营与企业价值以及收益波动之间的关系，我们进一步通过建立计量模型，控制其他可能影响企业价值和收益波动的因素，实证检验多元化经营对其的影响。

一、模型与变量界定

为了更好地揭示多元化经营与企业价值以及收益波动之间的关系,我们选取了盈利能力、公司规模、经理报酬、资本结构、公司的股权结构以及宏观经济发展形势作为控制变量,通过建立计量模型,对多元化经营与企业价值以及收益波动之间的关系进行实证检验。现对各变量做以下界定:

盈利能力:公司价值等于公司所创造的未来现金流的折现值。因此,一般而言,企业的盈利能力越强,企业价值越大,而且在外部环境变化不大的前提下,其收益的波动幅度也就越小。衡量企业盈利能力的指标很多,如净资产收益率、总资产收益率、销售毛利率等指标。学术界对哪个指标更能衡量出企业的盈利能力并没有一致的看法。我们以净资产收益率(ROE)来衡量企业的盈利能力。

公司规模:人们往往认为,公司规模越大,其经营风险越小,所谓"船大抗风浪"。从这一意义上讲,规模越大的企业,其价值可能越大。但从另一方面讲,公司规模越大,公司的发展速度可能越慢,从而引起市场对其产生不利的评价,进而影响公司的价值。因此,在现实中,究竟公司规模对企业价值产生什么作用取决于哪种力量占据有优势。就公司规模对收益波动的影响而言,公司规模越大,由于其抗风险能力越强,因此其收益的波动性可能越小。我们以总资产的对数值(LNASSET)来表示公司规模。

经理报酬:经理要取得较好的个人收益,必须以公司较好的经营业绩表现为前提,因此,公司经理的报酬可能与公司价值正相关。就经理报酬与收益波动之间的关系而言,在我国现阶段,那些具有企业家精神的经理人可能更具有冒险精神,他们要获得较高的个人收益,就必须为公司创造更大的价值,这可能会加剧公司收益的波动性,因此,从这个意义上讲,高管的薪酬可能与收益波动之间存在正相关关系。经理报酬以公司前三位高管的薪酬(SALARY)替代。

资本结构:在有公司税的情况下,负债有助于提高企业价值,这一点已为人们所认可。因此,在一定的限度内,资本结构可能与企业的价值存在正相关关系。但是,公司负债以后,可能会加大公司的经营风险,从而可能加大公司收益的波动幅度。我们以资产负债率(LEV)表示公司的资本结构。

宏观经济发展形势:一般而言,宏观经济发展形势越好,公司的发展机会越多,公司的效益情况越好,从而公司的价值可能也就越大。从收益波动这一方面讲,公司的收益波动可能与宏观经济发展形势呈正相关关系,宏观经济波动越大,公司的收益波动也就越大。我们以 GDP 增长率作为宏观经济发展形势的替代变量。

另外,在我国,公司的股权结构有异于其他国家,由于国有股在许多上市公司中处于第一大股东地位,这一特殊的公司股权结构可能会对公司的价值产生一定的影响,因此,我们将国有股是否在上市公司中处于第一大股东地位也作为 Tobin's Q 的一个控制变量。国有股控股取值为 1,否则取值为 0。

在增加以上控制变量的基础上,本章的实证模型如下:

$$\text{Tobin's } Q = \beta_0 + \beta_1 \text{DIV} + \beta_2 \text{ROE} + \beta_3 \text{GDP} + \beta_4 \text{LEV} + \beta_5 \text{LNASSET} + \beta_6 \text{SALARY} + \beta_7 \text{EQUITY} + c$$

$$\text{Flu\_EPS} = \beta_0 + \beta_1 \text{DIV} + \beta_2 \text{ROE} + \beta_3 \text{GDP} + \beta_4 \text{LEV} + \beta_5 \text{LNASSET} + \beta_6 \text{SALARY} + c$$

DIV 分别以收入的 HHI 指数、收入熵 EI 和行业数目以及企业是否多元化经营为哑变量(多元化经营取 1,否则取 0)表示。

二、实证结果

我们混合了我国深、沪两市上市公司在整个样本期间的横截面数据以及时间序列数据,即所谓的面板数据。采用面板数据进行回归分析,可以在一定程度上克服变量之间的多重共线性,而且面板数据通常含有很多数据点,会带来较大的自由度,同时截面变量和时间变量的结合能够有效地提高短期时间序列动态模型估计的准确性。在实际使用面板数据模型时,常假设模型系数不变,而截矩项随时间和截面数据单位的变化而改变。解决变截矩问题主要有两种方法,一种方法是使用固定效应模型,另一种方法是使用随机效应模型。Hausman 检验提供了在两种模型之间选优的方法。本研究样本数据的 Hausman 检验结果支持使用固定效应模型。

另外,在上一部分进行变量之间的相关分析时,我们发现企业价值以及收益波动与多元化之间的相关关系是非线性的,因此,在对两个模型进行估计时,我们对企业价值和收益波动指标分别取其对数值。

我们利用固定效应模型,对样本数据进行估计,所得结果如表 6-3 所示。

表6-3 多元化、企业价值与收益波动关系实证检验结果

	Dependent Variable: Q				Dependent Variable: FLU-EPS			
C	3.728***	2.556***	2.53***	2.52***	-1.22***	-1.23***	-1.49***	-1.27***
N	0.012*				-0.067**			
EI		0.038*				-0.19***		
HHI			-0.024**				0.171***	
DIV				0.015**				-0.093**
ROE	0.0006	0.0004	0.0006	0.0004	-0.004***	-0.001***	-0.001***	-0.001***
LNASSET	-0.187***	-0.187***	-0.187***	-0.187***	-0.104***	-0.033***	-0.109***	-0.106***
SALARY	0.004***	0.004***	0.001***	0.004***	0.005***	0.0003	0.004***	0.005***
LEV	0.001***	0.004***	0.004***	0.004***	0.008***	0.004***	0.008***	0.003***
GDP	-0.127***	-0.11***	-0.105***	-0.116***	0.016*	0.013*	0.014*	0.012**
EQUITY	-0.014***	-0.0135***	-0.015***	-0.0137***				
Observation Number	3596	3596	3596	3596	3596	3596	3596	3596
Adjusted R-squared	0.335	0.335	0.335	0.335	0.082	0.083	0.081	0.0799
F-statistic	326.97	326.89	327.16	327.14	65.83	66.59	64.32	63.65
Prob(F-statistic)	0.000	0.000	0.000	0.000	0.000	0.000	0.000	0.000
Hausman Test(P value)	0.000	0.000	0.000	0.000	0.000	0.000	0.000	0.000

注：***、**、*分别为1%、5%、10%水平显著。

从回归结果的 F 值可以看出，两个回归模型均高度显著，因此，都可以用来进行结构分析。

首先，就企业价值与多元化经营之间的关系而言，公司盈利能力对企业价值的影响为正，即企业盈利能力越强，企业的价值越大，但是在模型中均不显著。公司规模、国有股作为第一大股东对企业价值的影响为负，而高管报酬和公司的资本结构与企业价值之间存在正相关关系，且在模型中均高度显著。这与我们前面分析的是一致的。但是，在模型中，宏观经济形势和上市公司的价值呈负相关关系，对此，我们的解释是，宏观经济形势好时，其他类型的公司经营非常活跃，上市公司所面临的竞争可能加剧；而宏观经济形势不好时，上市公司所拥有的资源优势得以显现。从三个衡量企业多元化程度及企业是否多元化经营为哑变量的回归结果看，行业数目、收入熵以及多元化经营哑变量均与企业价值呈正相关关系，表明企业多元化经营对企业价值的提高具有正的效应。收入的 HHI 指数与企业价值呈负相关关系，我们前面分析过，企业越是多元化经营，收入的 HHI 指数越小，因此，以 HHI 表示的多元化与企业价值的负相关关系表明，企业的多元化对企业价值具有正影响。

其次，就企业多元化经营与收益的波动之间的关系看，盈利能力、公司规模与收益波动之间呈负相关关系，这表明，公司规模越大，公司的盈利能力越强，企业的收益波动越小。公司的资本结构对收益波动的影响为正，表明资本结构加剧了收益的波动，公司的负债水平越高，公司的收益波动

幅度越大。宏观经济形势对企业的收益波动具有显著的正效应,宏观经济发展越快,公司收益波动的幅度也就越大,即宏观经济发展形势加剧了公司的收益波动。这与我们前面的分析是一致的。高管报酬与收益波动之间呈正相关关系,但在以 HHI 和 EI 为多元化替代变量的模型中不显著。从三个衡量企业多元化程度及企业是否多元化经营为哑变量的回归结果看,多元化经营与收益波动呈显著的负相关关系,表明我国上市公司的多元化经营显著地降低了企业收益的波动幅度。

第七节 拓展检验之一:多元化与资本成本

多元化可以降低企业的风险,这一点已为人们所接受。但是,有的学者指出,公司多元化经营所降低的风险的受益者是债权人,而不是股东。在期权定价模型中,如 Black-Scholes 模型认为,公司为降低收益波动而实施的新的投资项目(如多元化)可能导致了公司财富从股东手中转移到债权人那里,从而降低了公司股东的财富,即公司风险的降低更多地保障了债权人的资本安全,直接使债权人受益,而股东的利益则受到了损害。① 因此,从股东的角度讲,多元化产生了折价,而不是溢价,而折价的主要原因是公司利用了债务(Mansi 和 Reeb,2002)。如果控制住负债因素影响,多元化折价就会消失。这充分表明,在公司存在负债的情况下,公司多元化经营模式的选择使得股东与债权人的利益发生了冲突,这一冲突在公司负债比率过低时可能不大,但是当公司的负债率达到一定程度时,可能将会表现得非常突出,这将直接影响到公司的权益资本成本。因此,从这一意义上讲,公司多元化经营是不为公司股东所欢迎的,从而可能提高了公司的权益资本成本。由此,公司多元化与权益资本成本呈正相关关系。

在企业多元化经营以及企业内部资本市场的效率问题这一研究领域,Alchian(1969) 和 Williamson(1975) 是较早的探索者。Alchian 认为,企业

---

① 基本的期权理论告诉我们,企业基础资产的波动性越高,期权价值越大。可以视企业盈利为其潜在的资产,在企业负债的情况下,尤其是在公司负债率较高时,股东更希望公司的收益波动性越大。直观地说,股东会在高收益和低收益之间选择高收益,而公司一旦处于破产境地,股东就对公司的损失是大是小漠不关心(参见贝赞可等著,武亚军总校对,《公司战略经济学》,1999年版,第 288 页)。同时,财务理论也表明,收益与风险是相关的,公司风险的降低可能带来了收益的降低,从而损害了公司股东的利益。

管理者拥有外部资本市场并不具备的信息和监督优势,从而能更有效率地对资源进行配置。企业内部资本市场的关键是它规避了投资项目信息的披露以及困扰外部资本市场的激励问题,即企业总部在监督和信息方面能做得更好,或者说内部资本市场的优势在于集中的融资方式。Williamson(1975)指出,传统的外部资本市场被严重的信息不对称性所困扰,而内部资本市场由于内部审计相对于外部审计更有效率,从而更有利于资产的优化配置,因此,企业的内部资本市场比外部资本市场更有效率。Whited(2001)以及其他学者的实证研究结果有效地支持了内部资本市场较外部资本市场更有效率的观点。正是因为内部资本市场相对于外部资本市场更有效率,所以多元化企业可以通过经理对企业内部情况的了解和对资本调配的决策权(Williamson,1981),将有限的资本合理配置到效率最高的部门,在企业的各业务单元之间实现财务协同效应,从而为企业创造更大的价值。

近些年来,学者们对公司内部资本市场的效率产生了怀疑,他们指出,不同业务单元经理之间的斗争和寻租行为将使得资本在公司内部产生不当的配置。例如,Markides(1992)认为,多元化将导致日益增加的管理人员卸责行为而造成的控制和信息损失、协调成本,以及其他与组织相关的经营管理不当、不同业务之间"主导逻辑"相互冲突,从而导致内部资本市场的无效性。由于多元化公司存在代理问题和公司内部信息不对称,因此其内部资本市场的资源配置并不一定是高效的,即现实中存在跨行业补贴(cross subsidization)的可能,而这就是所谓的内部资本市场低效假说。Berger 和 Ofek(1995)发现,多元化公司常会过度投资于收益较差的部门,而且对这种部门的资金补贴是造成公司价值下降的主要原因。Shin 和 Stulz(1998)研究发现,多元化公司某个部门的资金支出往往依赖于公司其他部门的资金支持,并且这种支持并不考虑有关部门的投资机会是否会大于其他部门的投资机会。Scharfstein(2000)也发现,多元化公司会对 Q 比率较低的部门投入较多的资金,而对 Q 比率较高的部门投入较少的资金。

我们认为,公司内部资本市场能否发挥作用依赖于许多前提条件。在成熟的市场条件下,公司的发展机会有限,公司内部的斗争和寻租行为可能非常普遍,但是在一个发展机会很多的市场条件下,公司内部资本市场对公司发展的作用是极大的。我国市场经济体制的确立为公司的发展创造了很好的外部条件,公司面临着很好的发展机遇,公司通过多元化形成内部资本市场,通过内部资本市场来对公司的资本进行配置,降低了公司对融资成本较高的外部资本市场的依赖,其业务发展所需资本的保障和资本成本都将远远低于专门为了发展一项业务而成立的专业化公司。同时,在公司内部进行资本的调配使用,使多元化公司减少了有成本资本占经营所需资本的比例,即多元化公司较专业化公司获得了更多的不需要支付成本的资本,充分地发挥和提高了公司现有资本的使用效率。

另外,根据上述讨论,多元化公司由于权益资本的成本高于专业化公司,因此多元化公司可能更倾向于使用资本成本较低的负债,从而降低公司的总资本成本。在研究中,我们发现,2001—2004 年,我国多元化经营的上市公司负债(包括长期负债和短期负债)占公司全部需要支付成本资本的比率高于专业化经营公司 5 至 6 个百分点,而且跨四个行业经营上市公司的这一比率最高,高于专业化经营公司 10 个百分点。详细情况如表 6-4 所示。

表 6-4　不同经营模式下的上市公司负债占全部需要支付成本资本的比率

n	2001		2002		2003		2004	
	Mean	Median	Mean	Median	Mean	Median	Mean	Median
1	0.4141	0.4401	0.4537	0.4782	0.4608	0.4978	0.4680	0.5036
≥2	0.4598	0.4763	0.5012	0.5142	0.5191	0.5453	0.5231	0.5582
2	0.4290	0.4421	0.4798	0.5009	0.5051	0.5349	0.5056	0.5449
3	0.4656	0.4754	0.5013	0.5011	0.5162	0.5334	0.5252	0.5532
4	0.5229	0.5599	0.5542	0.5953	0.5612	0.6139	0.5613	0.6280
≥5	0.5159	0.5688	0.5380	0.5852	0.5398	0.5774	0.5557	0.5831

注:≥2 为全部多元化企业;≥5 为跨五个及以上行业。

基于以上分析,我们认为:多元化经营与公司的总资本成本呈负相关关系。

一、资本成本的计算方法

(一)权益资本成本的测算

测算权益资本成本的方法主要有:资本资产定价法(CAPM)、多因子模型法、历史平均收益法、股利折现法、股利增长模型法等。这些方法主要基于企业实际收益计算企业的资本成本。目前应用最为广泛的方法是资本资产定价法和多因子模型法,这些模型试图以资本资产的各种风险因子来预测其收益。由于投资者来自资本资产的收益便是公司为此应支付的资本成本,因此通过该方式计算得到的资本收益便是企业面临的资本成本。历史平均收益法由于应用较为简便,其使用范围也较为广泛。而股利折现法和股利增长模型法由于比较难以对未来股利进行预测,其应用范围则较为有限。

自 20 世纪 90 年代以来,西方公司财务研究关于资本成本的计量基本上认可了资本资产定价模型在经过风险调整之后的所有者权益成本中的主流地位。Lowenstein(1991)指出,根据资本资产定价模型所计算出来的所有者权益成本,代表了调整风险因素之后所有者权益资本的机会成本。因此,我们利用资本资产定价法来计算我国上市公司的权益资本成本。其计算公式为:

权益资本成本
= 无风险收益率 + β × (市场年收益率 − 无风险收益率)

其中,无风险收益率为上海证券交易所交易的当年最长期的国债年收益率;β 为上市公司的系统性风险系数;市场收益率为 2001—2004 年间考虑现金股利再投资的综合月平均市场收益率乘以 12。

(二) 总资本成本的测算

计算企业平均资本成本目前主要有如下两种方式:加权平均资本成本法与 Modigliani 和 Miller 的"平均资本成本方法"。我们认为利用前一种方式计算的资本成本更接近于现实,因此,我们利用加权平均资本成本法(WACC)来计算上市公司的总资本成本。由于在总负债中有相当一部分的负债并不直接发生利息支出(如应付账款等),而且长期负债与短期负债也存在利率上的差异,因此,我们在确定公司的负债额时,剔出了不需要计付利息的负债,如应付款项等,同时还区分了长期负债和短期负债。短期负债为资产负债表中的短期借款,长期负债包括一年内到期的长期借款、应付债券、长期应付款、其他长期负债项目。资本成本的计算公式为:

$$\text{WACC} = \frac{B_L}{B_L + B_S + E} K_{dL}(1-t) + \frac{B_S}{B_L + B_S + E} K_{dS}(1-t) + \frac{E}{B_L + B_E + E} K_e$$

其中,B_L 表示长期负债,B_S 表示短期负债,E 表示权益资本①,K_{dL} 表示长期债务成本,K_{dS} 表示短期债务成本,K_e 表示股权成本,t 表示公司所得税税

---

① 公司的未分配利润可以看成是公司对股东的一项负债,这部分资本也是需要支付成本的。因此,在计算权益资本时,我们将未分配利润也包括在内,即权益资本为股本与未分配利润之和。同时,如果公司的未分配利润为负,则以 0 表示。

率。短期债务成本按照当年银行1年期贷款利率计算①,长期债务成本按照当年的3—5年中长期贷款利率计算。如遇贷款利率调整,则以天数为权重,加权计算当年的短期和中长期贷款利率。

(三) 不同多元化水平下的上市公司资本成本描述性统计

我们对不同多元化水平下上市公司的权益资本成本与总资本成本进行描述性统计,所得结果如表6-5和表6-6所示。

表6-5 不同多元化水平下的公司权益资本成本

	2001		2002		2003		2004		Average	
	Mean	Median	Mean	Median	Mean	Median	Mean	Median	Mean	Median
1	0.1018	0.1037	0.1037	0.1059	0.0890	0.0903	0.0896	0.0904	0.0960	0.0976
2	0.1002	0.1041	0.1008	0.1012	0.0895	0.0916	0.0886	0.0915	0.0948	0.0971
3	0.1014	0.1070	0.1045	0.1063	0.0933	0.0948	0.0936	0.0953	0.0982	0.1009
4	0.1037	0.1056	0.1109	0.1154	0.0917	0.0922	0.0914	0.0924	0.0994	0.1014
≥5	0.1047	0.1088	0.1076	0.1126	0.0956	0.0947	0.0936	0.0923	0.1004	0.1021
≥2	0.1014	0.1055	0.1035	0.1061	0.0913	0.0935	0.0907	0.0930	0.0967	0.0995

注:≥2为全部多元化企业;≥5为跨五个及以上行业。

表6-6 不同多元化水平下的公司总资本成本

	2001		2002		2003		2004		Average	
	Mean	Median	Mean	Median	Mean	Median	Mean	Median	Mean	Median
1	0.0739	0.0715	0.0739	0.0719	0.0647	0.0622	0.0646	0.0626	0.0693	0.0670
2	0.0739	0.0722	0.0704	0.0668	0.0624	0.0597	0.0634	0.0601	0.0675	0.0647
3	0.0726	0.0719	0.0692	0.0689	0.0635	0.0623	0.0625	0.0604	0.0669	0.0659
4	0.0687	0.0658	0.0661	0.0636	0.0596	0.0569	0.0594	0.0579	0.0634	0.0610
≥5	0.0717	0.0661	0.0669	0.0608	0.0608	0.0600	0.0564	0.0572	0.0640	0.0610
≥2	0.0726	0.0709	0.0691	0.0662	0.0622	0.0597	0.0621	0.0595	0.0665	0.0641

注:≥2为全部多元化企业;≥5为跨五个及以上行业。

就权益资本成本的均值看,首先多元化与专业化公司相比,2001年和2002年多元化公司组别比专业化公司组别低0.04和0.02个百分点,2003和2004年分别高0.23和0.11个百分点,四年总平均多元化公司组别比专业化公司组别高0.07个百分点,总体而言,两者相差不是很大。从不同多元化水平与专业化公司相比我们可以看出,跨五个及以上行业经营组别的公司的权益资本成本最高,跨两个行业经营组别的公司的权益资本成本最低,但是随着跨行业经营数的增加,权益资本成本也随之提高,并高于专

---

① 尽管银行可以针对不同公司的情况实施不同的贷款利率,但是由于大部分上市公司一般被银行视为黄金客户,所以上市公司基本上可以以基准利率得到贷款。当然,不同公司的实际贷款利率会存在一定的差异,但基于数据的可获得性,我们只能以基准利率来计算。

业化经营组别的公司。

就总资本成本的均值看,在全部研究区间以及四年的总体平均情况下,多元化经营组别的公司的总资本成本都要大大低于专业化经营组别的公司。具体而言,在四年内,多元化经营组别的公司的总资本成本分别比专业化经营组别的公司低 0.13、0.48、0.25、0.25 个百分点,四年总体平均要低 0.28 个百分点。同时,跨四个行业和跨五个及以上行业经营组别的公司的总资本成本都低于其他组别的公司。

二、多元化与资本成本的相关性检验

为了检验公司权益资本成本、总资本成本之间的差异是否由多元化及其程度的差异引起,我们首先对公司的多元化及水平与权益资本成本和总资本成本进行了相关性分析,所得结果如表 6-7 所示。

表 6-7 多元化水平与资本成本的相关性检验

		2001	2002	2003	2004	Average
权益资本成本(Re)	HHI	-0.022	-0.011	-0.115*	-0.080**	-0.080**
	EI	0.036	0.052	0.108***	0.079**	0.082**
	N	0.041	0.064*	0.076***	0.065**	0.068**
	DIV	0.002	0.004	0.051	0.025	0.045
总资本成本(WACC)	HHI	0.050*	0.107***	0.078**	0.087***	0.109***
	EI	-0.069**	-0.114***	-0.090***	-0.107***	-0.129***
	N	-0.066**	-0.128***	-0.082**	-0.116***	-0.133***
	DIV	-0.034**	-0.118***	-0.076**	-0.074***	-0.102***

注:表内相关系数为 pearson 相关系数。
***、**、* 分别表示在 1%、5%、10% 水平显著。

从表 6-7 的结果看,首先就权益资本成本与多元化之间的关系而言,公司的权益资本成本与公司是否多元化存在正相关关系,即多元化提高了的权益资本成本,但是在全部研究区间都不显著。从其他三个衡量公司多元化程度的指标与权益资本成本的关系看,多元化程度与公司的权益资本成本存在正相关关系,而且在大部分年度以及在四年平均的情况下都是显著的,这说明公司的多元化程度越高,其权益资本成本也越高。

就总资本成本与公司的多元化之间的关系看,无论从哪个指标和哪个研究区间来看,公司的多元化以及多元化程度都与公司的总资本成本之间存在显著的负相关关系,即多元化降低了公司的总资本成本。

三、上市公司多元化与资本成本之间关系的实证检验

Gebhardt、Lee 和 Swaminathan(2003)的研究结果表明:行业特性、账面市值比、长期增长率预测和分析师盈余预测差异能够较好地解释企业的资本成本差异(在其模型中,企业资本成本差异的60%可以由上述四个变量解释),而且该相关关系在不同时期都具有较高的稳定性。叶康涛、陆正飞(2004)的研究表明,股票 β 系数、负债率、企业规模、账面市值比等是影响我国企业股权成本的重要因素,此外,不同行业的股权融资成本存在显著差异。我们认为,现实中资本成本的影响因素有许多,而且处于不同国家、不同时期,公司资本成本的影响因素可能也会有所不同。因此,在借鉴已有研究成果的基础上,为了检验公司多元化与资本成本之间的关系,我们选择了以下变量作为控制变量[①]:

经营风险:企业的经营风险越大,则股东和债权人所要求的相应回报也就越高,从而股权成本以及总资本成本将上升。我们这里以公司每股收益的波动性来反映企业的经营风险。收益波动性计算公式为:

$$Flu\_EPS = \sqrt{[EPS_t - (\sum_{t=1}^{3} EPS_t)/3]^2 + [EPS_{t-1} - (\sum_{t=1}^{3} EPS_t)/3]^2 + [EPS_{t-2} - (\sum_{t=1}^{3} EPS_t)/3]^2}$$

财务风险(LEV):企业最优资本结构理论指出,企业负债率越高,则企业面临的破产风险也会随之上升,从而股东相应会要求高回报以弥补其承担的破产风险,即股权成本将上升。这同样也适用于债务资本,当企业的财务风险较高时,债权人也将要求较高的回报以弥补其承担的破产风险,或者干脆拒绝对企业提供资本。因此,企业财务风险越高,企业的总资本成本也将越高。学者们在研究时,一般以资产负债率来衡量公司的财务风险,我们也采用了这一指标。

公司治理结构因素:公司治理结构越完善,越不容易发生侵害小股东和债权人利益的事情,从而公司的融资也将面临较少的约束,而且也将降低公司的融资成本。一般而言,公司的股权越分散,其他股东对大股东的制衡作用越强,公司的治理结构也将相对完善。同时,如果公司的治理机

---

① 基于数据的可获得性以及国情的差异,本章的控制变量选取更多地借鉴了叶康涛、陆正飞(2004)的研究成果。他们采用的账面市值比与我们采用的公司成长性(以 Tobin's Q 值来衡量)基本是一致的。因为我们的权益资本成本就是按照资本资产定价模型计算出来的,因此,我们没有把股票的 β 系数作为控制变量放入模型。同时,我们更多地关注与公司特征相关的变量对资本成本的影响,如公司规模、盈利能力、成长性等,而这些变量以及多元化与行业特征具有较强的相关性,所以,我们没有选择行业特征作为控制变量。

制很完善,公司经理人与公司股东的利益一致,经理人将有较强的动机努力降低公司的融资成本。由于我国上市公司的高管人员持有本公司股份的情况不很普遍,而且即使持有本公司的股份,也只是很少一部分,因此,我国上市公司高管人员在公司的利益主要还是表现在薪酬的多少上。我们以公司前四大股东持有公司股份的集中度(CN_4)和公司收入最高的前三位高管薪酬的自然对数(LNSALARY)作为公司治理机制的替代变量。

公司的成长性:就股东而言,公司的成长性越高,股东未来获得的回报也将越高,公司也将越受到股票市场投资者的追捧,从而公司股权融资的成本可能越低。但是,对债权人而言,这可能正好表现出相反的趋势,因为高成长型的公司的未来不确定也较高,债权人资本的安全性也将受到影响,因此,债权人必然会要求公司对这一部分风险提供补偿,从而债权融资的成本较高。由于高成长性的公司面临着很好的发展机遇,所以公司的资本需求也就更大。已有的研究表明,高成长的公司更倾向于进行股权融资,而股权融资的成本一般要高于债权融资成本,因此高成长性公司的总资本成本也将较高,即公司的成长性可能与总资本成本正相关。我们以公司 Tobin's Q 的自然对数来衡量公司的成长性。

盈利能力(ROE):从股东角度讲,公司盈利能力越强,股东对公司的期望越高,公司权益资本成本可能也就越高。从债权人的角度讲,公司的盈利能力越高,债权人的资本越有安全保障,从而其债务融资的成本可能就越低。因此,公司的盈利能力与公司的权益资本成本可能呈正相关,但是与总资本成本的关系要依债务在公司资本中比例而定。我们以公司的净资产收益率作为盈利能力的衡量指标。

公司规模(SIZE):公司规模越大,其抵抗公司所面临的各种风险的能力越强,股东和债权人所承受的投资风险也越小,因此,公司的权益资本成本和包括债权融资在内的总资本成本也将越低。我们以公司总资产的自然对数来代表公司规模。

在加入以上控制变量的基础上,我们建立了如下实证模型:

$$Re = \beta_0 + \beta_1 DIV + \beta_2 ROE + \beta_3 CN_4 + \beta_4 LNSALARY + \beta_5 FLU + \beta_6 SIZE + \beta_7 LEV + \beta_8 LNQ + \varepsilon$$

Re 为权益资本成本,DIV 分别以收入的 HHI 指数、收入熵 EI 和行业数目 N 以及企业是否多元化经营为哑变量(多元化经营取 1,否则取 0)表示。

由于总资本成本包括权益资本成本,同时还包括债务资本成本,而债权人除了关注以上因素之外,公司资产的流动性也是债权人的一个重要的关注对象,公司的流动比率反映了公司的短期偿债能力,公司的流动比率如果过低,将加大债权人的资本风险,因此,流动比率越高,公司的负债资本成本可能越低,从而可能降低公司的总资本成本。流动比率(LIQUID)=流动资产/流动负债。

另外,我国上市公司特殊的股权结构也可能对公司的总资本成本产生一定的影响。我们以国有股是否为公司第一大股东来替代公司的股权结构(EQUITY)。国有股为第一大股东取值为1,否则取值为0。

因此,公司总资本成本的实证模型为:

$$WACC = \beta_0 + \beta_1 DIV + \beta_2 ROE + \beta_3 CN_4 + \beta_4 LNSALARY + \beta_5 Flu + \beta_6 SIZE + \beta_7 LEV + \beta_8 LNQ + \beta_9 LIQUID + \beta_{10} EQUITY + \varepsilon$$

WACC 为包括了权益资本成本和债务资本成本在内的公司总资本成本。

我们混合了我国深、沪两市上市公司在整个样本期间的横截面数据以及时间序列数据,即所谓的面板数据。本研究样本数据的 Hausman 检验结果支持使用固定效应模型。

我们利用固定效应模型,分别对权益资本成本、总资本成本与多元化之间的关系进行了实证检验,所得结果如表 6-8 和表 6-9 所示。

表 6-8 权益资本成本与多元化之间关系的实证结果

Re	系数	系数	系数	系数
HHI	-0.003^{**}			
EI		0.003^{***}		
N			0.001^{***}	
DIV				0.0001
ROE	$3.2e^{-06**}$	$3.2e^{-06**}$	$3.2e^{-06**}$	$3.2e^{-06*}$
CN_4	-0.002	-0.001	-0.001	-0.003
LNQ	-0.019^{***}	-0.019^{***}	-0.019^{***}	-0.019^{***}
LNSALARY	-0.002^{***}	-0.002^{***}	-0.003^{***}	0.003^{***}
Flu	0.001	-0.001	-0.001	0.001
SIZE	-0.006^{***}	-0.006^{***}	-0.005^{***}	-0.006^{***}
LEV	$3.2e^{-06}$	$2.9e^{-06}$	$2.8e^{-06}$	$2.7e^{-06}$
C	0.18^{***}	0.176^{***}	0.176^{***}	0.178^{***}
R^2	0.0607	0.0625	0.0629	0.0597
F	29.84	30.74	30.93	29.29
P 值	0.000	0.000	0.000	0.000
Hausman	0.000	0.000	0.000	0.000

注:***、**、*分别表示在1%、5%、10%水平显著。

从表 6-8 的结果来看,公司的盈利能力与权益资本成本正相关,而且是显著的,这可能是因为公司的盈利能力越强,股东对公司的期望越高,从而公司的权益资本成本也就越高。公司规模与权益资本成本之间呈负相关关系,而且在 1% 水平上显著,这说明公司规模越大,公司的权益资本成本越低。公司成长性与权益资本成本负相关,而且在 1% 水平上显著,表明公司的成长性越高,公司的权益资本成本越低。就公司的治理机制与权益资本成本的关系看,股权集中度与权益资本成本负相关,而且在 1% 水平上显著,说明我国上市公司的股权分散并没有降低公司的权益资本成本,反而提高了公司的权益资本成本,与我们前面的分析恰恰相反,这可能是因为现阶段我国上市公司的股权分散更多地导致了较高的交易成本。高管薪酬与权益资本成本呈显著的负相关关系,即公司高管的薪酬越高,公司的权益资本成本越低,这可能是因为高管的薪酬越高,他们越有动机去降低公司的权益资本成本。公司的资产负债率与权益资本成本正相关,但在四个模型中,相关系数都很小,而且不显著。收益波动性即公司的经营风险与公司权益资本成本正相关,但在四个模型中也都不显著,这可能是因为现阶段我国上市公司总体上负债水平并不高[①],财务风险并不突出,同时,由于我国经济处于快速增长阶段,上市公司面临的发展机会很多,从而经营风险也不是很大。

就多元化与权益资本成本之间的关系来看,首先多元化哑变量与权益资本成本正相关,但并不显著。我们认为,不显著的主要原因在于公司是否多元化哑变量并不是多元化指标最好的替代变量,这也是为什么我们采用多个多元化替代指标的一个主要原因。因为多元化存在着一个程度的问题,而不同多元化水平对权益资本成本的影响程度是不一样的,通过表 6-5,我们可以发现,在不区分多元化程度的情况下,多元化公司的权益资本成本与专业化公司差别并不大,但是随着多元化程度的提高,权益资本成本随之提高,可能正是由于多元化指标没有对多元化程度做出区分,才使得这一正相关关系不显著。从三个反映公司多元化程度的指标看,HHI 指数与权益资本负相关,而且在 5% 水平上显著,我们在前面已经讲过,HHI 指数越小,公司的多元化程度越高,因此,权益资本成本与以 HHI 指数衡量的多元化程度正相关;收入熵(EI)和行业数(N)与权益资本成本呈显著的正相关关系。这充分

---

① 在我们的研究样本中,2001、2002、2003、2004 年上市公司资产负债率的均值分别为 45.46%、48.49%、51.04% 和 53.3%。

表明公司的权益资本成本与公司的多元化程度之间存在着显著的正相关关系,即公司的多元化程度越高,公司的权益资本成本越高。

从表6-9我们可以看出,公司盈利能力与总资本成本正相关,但是,在四个模型中都不显著,而且系数很小,出现正相关的原因可能是我国上市公司普遍具有股权融资偏好,那些具有较高盈利能力的上市公司具有增发和配股资格,可能更多地利用了股权融资,从而提高了总资本成本。公司规模与总资本成本负相关,而且高度显著。公司成长性与总资本成本正相关,而且在四个模型中都高度显著,这可能是因为高成长性的公司对外部资本的依赖性更强,同时公司的风险也较高有关。国有控股与公司总资本成本正相关,而且基本上在10%水平上显著(p值分别为0.119、0.099、0.11、0.128),这表明国有控股的上市公司的总资本成本高于非国有控股的上市公司。收益波动性即公司的经营风险与总资本成本呈正相关关系,但是在四个模型中都不显著。股权集中度与总资本成本正相关,而且高度显著,这说明公司的治理机制将影响公司的总资本成本,公司的股权集中度越低,

表6-9 总资本成本与多元化之间关系的实证结果

WACC	系数	系数	系数	系数
HHI	0.005***			
EI		-0.004***		
N			-0.001***	
DIV				-0.003***
ROE	$2.2e^{-07}$	$2.3e^{-07}$	$2.0e^{-07}$	$1.2e^{-07}$
LNQ	0.0139***	0.012***	0.012***	0.0119***
CN4	0.0212***	0.0205***	0.021***	0.0213***
LNSALARY	0.0005	0.0005	0.001	0.0005
Flu	0.0005	0.0005	0.004	0.004
SIZE	-0.003***	-0.003***	-0.003***	-0.003***
LEV	-0.0001***	-0.0001	-0.0001***	-0.0001***
LIQUID	0.001***	0.0001	0.001***	0.001***
EQUITY	0.001	0.001*	0.001	0.001
C	0.0863***	0.0917***	0.0917***	0.0918***
R^2	0.195	0.1964	0.1945	0.1931
F	87.38	88.15	87.13	86.36
P值	0.000	0.000	0.000	0.000
Hausman	0.000	0.000	0.000	0.000

注:***、**、*分别表示在1%、5%、10%水平显著。

公司的治理机制越合理,公司的总资本成本也就越低,这一结果与Himmelberg、Hubbard和Love(2002)利用38个国家公司的数据所进行的研究是一致的。资产负债率与总资本成本负相关,在1%水平上显著,这可能是因为债务资本的成本低于权益融资的成本,从而使得公司越多地利用债务资本,其总资本成本也就越低,尽管公司的负债水平反映了公司的财务风险,但是由于我国上市公司的总体负债水平并不高,因此,公司的财务风险水平也就并不高。[①] 流动比率与总资本成本正相关,在1%水平上显著,这可能是因为公司的流动比率越高,公司的流动负债水平越低[②],而债务资本成本是低于权益资本成本的。高管薪酬与总资本成本正相关,但在四个模型中都不显著,这可能是因为高管薪酬越高,他们将越厌恶风险,为了降低财务风险,公司就将越多地进行股权融资,减少负债,从而提高了公司的总资本成本。

就多元化与总资本成本之间的关系看,首先多元化哑变量与总资本成本负相关,并且在1%水平上显著,这表明公司的多元化经营降低了公司的总资本成本。从三个反映公司多元化程度的指标看,HHI指数与总资本成本正相关,而且在1%水平上显著,我们在前面已经讲过,HHI指数越小,公司的多元化程度越高,因此,总资本成本与以HHI指数衡量的多元化程度负相关;收入熵(EI)和公司跨行业数目(N)与总资本成本之间存在显著的负相关关系。这充分表明公司的总资本成本与公司的多元化程度之间存在显著的负相关关系,即公司的多元化程度越高,公司的总资本成本越高。

---

① 根据资本结构的税收—破产替代模型的观点,负债经营比率与加权资本成本之间是"U"型的关系,它代表了在税收屏蔽所带来的好处和破产概率所带来的损失之间的折衷,公司最优的负债经营比率位于加权资本成本曲线的最低点。我们在实证模型中加入了LEV的平方项后,两者呈显著的正相关关系,从而证明了负债率与公司总资本成本之间的"U"型关系。因为在本章中,负债率是作为财务风险的替代指标,而不是检验负债率与总资本成本之间的关系,因此,这一结果没有在表中给出。

② 在研究中我们发现,我国上市公司的负债更多地表现为短期负债,2001—2004年,短期负债占全部需要支付成本资本的比例分别为33.5%、35.99%、36.45%和37.01%,而长期负债的比例为10.81%、12.55%、13.41%和13.56%。

第八节 拓展检验之二:多元化经营与企业绩效之间拐点的存在性

根据马里斯增长理论,企业在一定阶段,企业成长可能带来利润率的提高,只有在企业增长达到一定程度后,企业的高速成长才可能与利润率呈负相关关系,即马里斯模型暗含着在增长和利润率关系之间存在着一个拐点。在马里斯模型里,企业增长是多元化的函数,因此,多元化经营与企业利润率的关系之间可能存在着一个拐点。本节主要目的就是粗略地检验一下我国上市公司多元化经营与利润率关系之间的这一拐点是否出现。

为了避免单一的利润率指标的局限性,我们采用企业价值(Q值)、净资产收益率(ROE)和销售毛利率(ROS)三个指标分别衡量企业绩效。同时,为了避免异常值的影响,在不同的多元化组别中,我们分别剔除了最高的和最低的10%的样本,这样全部样本公司为719家。我们仍旧以公司经营所跨行业数目(N)和公司销售收入的HHI指数来衡量公司的多元化水平。样本区间为2001—2004年。

我国上市公司不同多元化水平下企业绩效的均值情况如表6-10所示。

表6-10 不同多元化水平下企业绩效均值情况

		2001			2002			2003			2004		
		Q	ROE	ROS	Q	ROE	ROS	Q	ROE	ROS	Q	ROE	ROS
N	1	148.65	6.119	23.245	135.54	5.051	23.620	127.80	5.838	23.152	115.15	6.700	21.687
	2	168.01	6.364	26.090	148.02	4.868	23.744	128.67	5.380	21.855	118.46	3.485	19.229
	3	167.89	4.008	20.452	144.79	4.956	25.571	127.57	4.359	24.125	119.73	4.430	24.185
	4	136.54	4.218	21.542	146.01	3.059	24.140	126.68	3.379	25.824	119.88	3.662	24.001
	5	163.49	3.735	27.332	136.66	4.779	22.633	131.16	5.723	25.559	113.00	4.501	22.485
HHI	<0.4	171.36	4.956	28.919	150.16	4.228	23.439	131.16	4.112	26.203	122.20	4.435	24.558
	0.4—0.6	169.46	5.997	26.092	147.49	4.390	25.413	127.25	4.760	23.914	120.43	2.805	22.932
	0.6—0.8	166.28	5.024	23.785	144.25	4.659	23.275	127.37	4.948	22.012	117.90	3.570	19.717
	0.8—1	167.02	6.448	24.161	144.49	5.264	24.390	127.94	5.516	21.054	115.90	5.374	19.757
	1	148.65	6.119	23.245	135.54	5.051	23.620	127.80	5.838	23.152	115.15	6.700	21.687

资料来源:作者整理。

从表6-10的数字看,无论是以行业数目还是以销售收入的HHI指数来衡量公司的多元化水平,尽管替代企业绩效的三个指标在研究区间存在一定的差异,但是我们很难从中判断拐点是否存在。之所以如此,我们认为可能的原因有二:一是我国市场经济体制刚刚确立,上市公司面临的发展机会很多,多元化带来公司的快速成长,但是其对利润的负效应还没有开始展现;二是总体上看,我国上市公司多元化程度也并不是很高,在我国的研究样本中,以行业数来衡量的话,2001—2004年我国上市公司所跨行业平均为2.1左右。

第九节 研究结论

企业的多元化经营一直是一个颇受争议的话题。一般认为,企业多元化经营可以分散经营风险,降低企业收益的波动幅度,但是对于多元化经营对企业价值具有折价效应还是具有溢价效应,理论界和实务界一直没有一个确定的答案。本章首先分析了马里斯关于企业利润与增长之间存在负相关关系的前提假设不适用于我国上市公司,并以此为基础推测:对处于经济转轨时期的中国上市公司而言,增长与利润之间的关系可能表现出新的特征,并利用我国上市公司2001—2004年的数据进行了实证研究。本章的研究表明,我国上市公司的多元化对企业价值具有正效应,多元化经营可以提高企业的价值;企业的多元化对企业收益的波动具有负效应,即多元化降低了企业收益的波动程度;没有明显的迹象表明,我国上市公司的多元化经营与绩效关系之间的拐点已经出现;多元化与公司的权益资本成本呈显著的正相关关系,即公司的多元化提高了公司的权益资本成本;但多元化与公司的总资本成本呈显著的负相关关系,即公司的多元化降低了公司的总资本成本。本研究在一定程度上解释了现阶段我国上市公司普遍采取多元化经营这一模式的动机。

同时,基于拓展性研究之一即多元化与资本成本的研究启示有三:首先,从资本成本角度来研究公司多元化经营这一具有极大争议的问题可能是一个新的视角,更有助于我们深化对公司多元化经营模式选择的理解;其次,多元化公司由于可以通过内部资本市场实现资本在公司内部的最优配置,使各业务单元较好地实现财务协同效应,同时,内部资本市场的存在使多元化公司的有成本资本的使用率极大地降低,即多元化公司较专业化公司获得了更多的不需要支付成本的资本,充分地提高了公司现有资本的使用效率,从而降低了公司的总资本成本,因此,多元化经营模式的选择是可以为公司创造更大价值的;最后,负债的使用可以降低公司的总资本成本,这一点无论是对多元化公司还是专业化公司都是适用的,这意味着我国上市公司总体而言还具有一定的增加负债融资的空间。

主要参考文献

[1] 白重恩、刘俏、陆洲、宋敏、张俊喜,2005,中国上市公司治理结构的实证研究,经济研究,第2期。

[2] 陈传明、孙俊华,2008,企业家人口背景特征与企业多元化战略选择,管理世界,第5期。

[3] 陈小悦、徐晓东,2001,股权结构、企业绩效与投资者利益保护,经济研究,第11期。

[4] 陈信元、汪辉,2004,股东制衡与公司价值:模型及经验证据,数量经济技术经济研究,第11期。

[5] 杜胜利、翟艳玲,2005,总经理年度报酬决定因素的实证分析——以我国上市公司为例,管理世界,第8期。

[6] 多纳德·海等著,钟鸿钧等译,2001,产业经济学与组织(上)、(下),经济科学出版社。

[7] 冯巍,1999,内部现金流与企业投资——来自我国股票市场上市公司财务报告的证据,经济科学,第1期。

[8] 韩忠雪、朱荣林、王宁,2006,股权结构、代理问题与公司多元化折价,当代经济科学,第5期。

[9] 郝旭光,2000,多元化经营的几个问题,管理世界,第2期。

[10] 郝颖、刘星、林朝南,2005,我国上市公司管理者人员过度自信与投资决策的实证研究,中国管理科学,第5期。

[11] 何卫东,2003,深交所上市公司治理状况调查分析报告,证券时报,12月18日。

[12] 黄少安、张岗,2001,中国上市公司股权融资偏好分析,经济研究,第11期。

[13] 姜付秀,2006,企业增长与企业价值:不同控制类型下上市公司的比较研究,财贸研究,第1期。

[14] 姜付秀,2006,我国上市公司多元化经营的决定因素研究,管理世界,第5期。

[15] 姜付秀、刘志彪、陆正飞,2006,多元化经营、企业价值与收益波动研究,财经问题研究,第11期。

[16] 姜秀珍、全林、陈俊芳,2003,现金流量与公司投资决策——从公司规模角度的实证研究,工业工程与管理,第5期。

[17] 金晓斌等,2002,公司特质、市场激励与上市公司多元化经营,经济研究,第9期。

[18] 李华晶、张玉利,2006,高管团队特征与企业创新关系的实证研究,商业经济与管

理,第 5 期。
- [19] 李悦、熊德华、张峥、刘力,2007,公司财务理论与公司财务行为,管理世界,第 11 期。
- [20] 刘峰、贺建刚、魏明海,2004,控制权、业绩与利益输送,管理世界,第 8 期。
- [21] 刘怀珍、欧阳令南,2004,经理人私人利益与过度投资,系统工程理论与实践,第 10 期。
- [22] 洛温斯坦著、张蓓译,1999,公司财务的理性与非理性,上海远东出版社。
- [23] 欧阳凌、欧阳令南、周红霞,2005,股权制度安排、信息不对称与企业非效率投资行为,当代经济科学,第 4 期。
- [24] 潘敏、金岩,2003,信息不对称、股权制度安排与上市企业过度投资,金融研究,第 1 期。
- [25] 苏启林、朱文,2003,上市公司家族控制与企业价值,经济研究,第 8 期。
- [26] 孙永祥、黄祖辉,1999,上市公司的股权结构与绩效,经济研究,第 12 期。
- [27] 王化成、胡国柳,2005,股权结构与企业投资多元化关系:理论与实证分析,会计研究,第 8 期。
- [28] 王明琳、周生春,2006,控制性家族类型、双重三层委托代理问题与企业价值,管理世界,第 8 期。
- [29] 王霞、于富生、张敏,2007,管理者过度自信与企业投资行为异化,2007 年中国会计学会年会。
- [30] 魏峰、刘星,2004,国有企业内部机制对企业技术创新的影响,重庆大学学报,第 3 期。
- [31] 魏明海、柳建华,2007,国企分红、治理因素与过度投资,管理世界,第 4 期。
- [32] 徐莉萍、辛宇、陈工孟,2006,控股股东的性质与公司经营绩效,世界经济,第 10 期。
- [33] 阎达五、耿建新、刘文鹏,2001,我国上市公司配股融资行为的实证研究,会计研究,第 9 期。
- [34] 杨林,2006,多元化发展战略与企业价值关系:理论、实证及其战略调整研究,博士论文。
- [35] 叶康涛、陆正飞,2004,中国上市公司股权融资成本影响因素分析,管理世界,第 4 期。
- [36] 余明桂、夏新平、邹振松,2006,管理者过度自信与企业激进负债行为,管理世界,第 8 期。
- [37] 约瑟夫·熊彼特,何畏、易家详译,1990,经济发展理论,商务印书馆。
- [38] 张翼、李辰,2005,股权结构、现金流与资本投资,经济学,第 10 期。
- [39] 张翼、李习、许德音,2005,代理问题、股权结构与公司多元化,经济科学,第 3 期。
- [40] 张翼、林小驰,2005,公司治理结构与管理层盈利预测,中国会计评论,第 2 期。

[41] 张翼、刘巍、龚六堂,2005,中国上市公司多元化与公司业绩的实证研究,金融研究,第9期。

[42] 郑江淮、何旭强、王华,2001,上市公司投资的融资约束:从股权结构角度的实证分析,金融研究,第11期。

[43] 朱江,1999,我国上市公司的多元化战略和经营业绩,经济研究,第11期。

[44] Aggarwal, R., and A., Samwick, 2003, Why do managers diversify their firms? Agency reconsidered, *Journal of Finance*, 58(1), pp. 71—118.

[45] Alchian, A., and H., Demsetz, 1972, Production, information costs and economic organization, *American Economic Review*, 12, pp. 780—781.

[46] Alchian, Armen A., 1969, Corporate management and property rights, In *Economic Policy and the Regulation of Corporate Securities*, Henry Manne, ed., Washington, D. C.: American Enterprise Institute, pp. 337—360.

[47] Alexander, Jeffrey A., Lee, Shoou-Yih D., 2006, Does governance matter? Board configuration and performance in not-for-profit hospitals, *Milbank Quarterly*, December, 84(4), pp. 733—758.

[48] Alicke, M. D., 1985, Global self-evaluation as determined by the desirability and controllability of trait adjectives, *Journal of Personality and Social Psychology*, 49, pp. 1621—1630.

[49] Amey, L., 1964, Diversified manufacturing businesses, *Journal of the Royal Statistical Society*, A(127), pp. 251—290.

[50] Amihud Y., Lev B., 1999, Does corporate ownership structure affect its strategy toward diversification? *Strategic Management Journal*, 20(11), pp. 1063—1069.

[51] Amihud Y. and Lev B., 1981, Risk reduction as managerial motive for conglomerate mergers, *Bell Journal of Economics*, 12, pp. 605—617.

[52] Andersen O., 1997, Internationalization and market entry mode: A review of theories and conceptual framework, *Management International Review*, 27(2).

[53] Balakrishnan, S. and M. P. Koza, 1993, Information asymmetry, adverse selection, and joint ventures, *Journal of Economic Behavior and Organization*, 20, pp. 99—117.

[54] Baliga, B. R., N. C. Moyer and R. S. Rao, 1996, CEO duality and firm performance: What's the fuss, *Strategic Management Journal*, 17(1), pp. 41—53.

[55] Bantel K., Jackson S., 1989, Top management and innovations in banking: Does the composition of the team make a difference? *Strategic Management Journal*, 10, pp. 107—124.

[56] Bantel, K. A., and Jackson, S. E., 1989, Top management and innovations in banking: Does the composition of the top team make a difference? *Strategic Management Journal*, 10, pp. 107—124.

[57] Bantel, K. A., and Jackson, S. E., 1993, Top team, environment, and performance effects on strategic planning formality, *Strategic Management Journal*, 10, pp. 107—124.

[58] Barberis, Nicholas and Thaler, Richard, 2003, A survey of behavioral finance, in: G. M. Constantinides & M. Harris & R. M. Stulz (ed.), *Handbook of the Economics of Finance*, edition 1, Volume 1, pp. 1053—1128.

[59] Baumol, W., 1958, On the theory of oligopoly, *Economica*, 25, pp. 187—198.

[60] Baumol, W. J., 1959, *Business Behaviour, Value and Growth*, Macmillan, New York.

[61] Bebchuck and Y. Grinstein, 2007, Firm expansion and CEO pay, Harvard Law School Working Paper, 53, Harvard University, Cambridge, MA.

[62] Ben D. I., John R. Graham and C. R. Harvey, 2007, Managerial overconfidence and corporate policies, Working Paper.

[63] Berger Philip G. and Eli Ofeek, 1995, Diversification's effect on firm value, *Journal of Financial Economics*, 37, pp. 39—65.

[64] Berle, A. A., and G. C. Means, 1932, *The Modern Corporation and Private Property*, New York, NY: MacMillan.

[65] Black, B. S., H. Jang, and W. Kim, 2003, Does corporate governance affect firm value-evidence from Korea, Working Paper, Stanford Law School.

[66] Black, F., and M. Scholes, 1973, The pricing options and corporate liability, *Journal of Political Economics*, 81, May-June, pp. 637—654.

[67] Blanchard, Olivier J., Flrencio Lpez-de-Silanes, and Andrei Shleifer, 1994, What do firms do with cash windfalls? *Journal of Finncial Economics*, 36, pp. 337—360.

[68] Boehmer Ekkehart and J. M. Netter, 1997, Management optimism and corporate acquisitions: Evidence from insider trading, *Managerial and Decision Economics*, 18, pp. 693—708.

[69] Boeker W., 1997, Strategic change: The influence of managerial characteristics and organizational growth, *Academy of Management Journal*, 40(1), pp. 152—170.

[70] Boyd B. K., 1995, CEO duality and firm performance: A Contingency model, *Strategic Management Journal*, 16, pp. 301—312.

[71] Brealey, Richard A. and Stewart C. Myers, 2000, *Principles of Corporate Finance*, The McGraw-Hill Companies: New York.

[72] Brealey, Richard A., and Stewart C. Myers, 2000, *Principles of Corporate Finance*, McGraw-Hill Companies.

[73] Brown, Rayna and Neal Sarma, 2006, CEO overconfidence, CEO dominance and corporate acquisitions, Working Paper.

[74] Camelo-Ordaz, C. Hernandez-Lara, A. B. , and Valle-Cabrera, R. , 2005, The relationship between top management teams and innovative capacity in companies, *Journal of Management Development*, 24(8), pp. 683—705.

[75] Campa, J. and S. Kedia, 2002, Explaining the diversification discount, *Journal of Finance*, 57, pp. 1731—1762.

[76] Carlsson D. , and Karlsson K. , 1970, Age, cohorts and the generation of generations, *American Sociological Review*, 5(7), pp. 710—718.

[77] Caves R. E. and S. K. Mehra. , 1986, Entry of foreign multinationals into U. S manufacturing industries, In *Competition in Global Industries*, Porter M. E. (ed.), Harvard Business School Press.

[78] Chandler, A. D. ,Jr. , 1962, *Strategy and Structure: Chapters in the History of Industrial Enterprises*, Cambridge Mass, MIT Press.

[79] Chapman,D. R, Junor,C. W. , and Stegman T. R. , 1996, Cash flow constraints and firm's investment behavior, *Applied Economics*, 28, pp. 1037—1044.

[80] Charles P. , Himmelberg, R. , Glenn Hubbard and Inessa Love, 2002, Investment, protection, ownership, and the cost of capital, NBB Working Paper.

[81] Cho M. H. , 1998, Ownership structure, investment, and the corporate value: An empirical analysis, *Journal of Financial Economics*, 47, pp. 103—121.

[82] Claessens S, Djankov S, Fan J,Lang L, 2000, The separation of ownership and control in East Asian corporations, *Journal of Financial Economics*,58, pp. 81—112.

[83] Cleary, S. , 1999, The relationship between firm investment and financial status, *Journal of Finance*, 54(2), pp. 673—692.

[84] Cooper,A. C. , C. Y. , Woo and W. C. , Dunkelberg, 1988, Entrepreneurs perceived chances for success,*Journal of Business Venturing*,3, pp. 97—108.

[85] Cosh, Mar, A. Cosh, 1975, The remuneration of chief executives in the United Kingdom, *Economic Journal*, 85 1, Mar, pp. 75—94.

[86] Datta, Deepak K. , Nandini Rajagopalan, and Abdul M. A. Rasheed, 1981, Diversification and performance: Critical review and future directions, *Journal of Management Studies*, 28, September, pp. 529—558.

[87] Delios, A. and P. W. Beamish,1999, Geographic scope, product diversification, and the corporate performance of Japanese firms, *Strategic Management Journal*, 20(8), pp. 711—727.

[88] Denis, D. J. , D. K. Denis, and A. Sarin,1997, Ownership structure and top executive turnover, *Journal of Financial Economics*, 45, pp. 193—221.

[89] Denis, D. , Denis, D. , Sarin, A. , 1994, The information content of dividend changes: Cash flow signaling, overinvestment, and dividend clienteles, *Journal of Finan-*

cial and Quantitative Analysis, 29, pp. 567—587.

[90] Devereux, Michael P. and Schiantarelli, Fabio, 1989, Finacial factors and cash flow: Evidence from UK panel data, September, NBER Working Paper No. W3116.

[91] DeWitt C. Dearborn and Herbert A. Simon, 1958, Selective perception: A note on the departmental identifications of executives, Sociometry, Vol. 21, No. 2, pp. 140—144.

[92] Doukas J. A. and Dimitris Petmezas, 2006, Acquisitions, overconfident managers and self-attribution bias, Working Paper.

[93] Dubin M., 1976, Foreign acquisitions and spread of the multinational firm, D. B. A. Thesis, Graduate School of Business Adimination, Harvard University.

[94] Dwyer, S., Richard, O. C., and Chadwick, K., 2003, Gender diversity in management and firm performance: The influence of growth orientation and organizational culture, Journal of Business Research, 56(12), pp. 1009—1019.

[95] Fazzari, S., R. Hubbard and B. Petersen, 1988, Financing constraints and corporate investment, Brookings Papers on Economic Activity, Vol. 1, pp. 141—195.

[96] Fazzari, S. M., Hubbard, R. G. and Petersen, B. C, 1988, Financing constrains and corporate investment, Brookings Papers on Economic Activity, pp. 201—219.

[97] Finkelstein S, Hambrick D. C., 1996, Strategic leadership: Top executives and the effect on organizations, St. Paul: West.

[98] Finkelstein, Sydney and Donald C., Hambrick, 1989, Chief executive compensation: A study of the intersection of markets and political processes, Strategic Management Journal, 10, 2, pp. 121—134.

[99] Gayané Hovakimian and Sheridan, 2006, Corporate investment with financial constraints: Sensitivity of investment to funds from voluntary asset sales, Journal of Money, Credit and Banking, Vol. 38, No. 2, Mar., pp. 357—374.

[100] Gebhardt, W., C. Lee and B. Swaminathan, 2001, Toward an implied cost of capital, Journal of Accounting Research, Vol. 39, No. 1, June, pp. 135—176.

[101] Gervais, S., J. B. Heaton, and T. Odean, 2003, Overconfidence, investment policy, and executive stock options, SSRN Working Paper.

[102] Ghose S., 2005, Corporate governance and over-investment by the U. S. oil industry, Working Paper, www.ssrn.com.

[103] Golbe, Devra V. and White, Lawrence J., 1988, A time series analysis of mergers and acquisitions in the U. S. economy, in Allan J. Auerbach (ed.), Corporate Takeovers: Causes and Consequences, Chicago: University of Chicago Press, pp. 265—302.

[104] Gollop, F. M., Monahan, J. L., 1991, A generalized index of diversification:

Trends in U. S. manufacturing, *The Review of Economics and Statistics*, 73, pp. 318—330.

[105] Goyal, V. K. & Park, C. W., 2002, Board leadership structure and CEO turnover, *Journal of Corporate Finance*, 8, pp. 49—66.

[106] Gribbin, J. D., 1976, The conglomerate merger, *Applied Economics*, 8, pp. 19—35.

[107] Grossman, S., and O., Hart, 1982, Corporate financial structure and managerial incentive, *Economics of Information and Uncertainty*, pp. 107—137.

[108] Grossman, Sanford and Oliver Hart, 1986, The cost and benefits of ownership: A theory of vertical and lateral integration, *Journal of Political Economy*, 94(4), pp. 691—719.

[109] Grossman, Sanford and Oliver Hart, 1980, Takeover bids, the free-rider problem and the theory of the corporation, *Bell Journal of Economics*, 20, pp. 42—64.

[110] Gugler K and Yurtoglu B. B., 2003, Average q, marginal q, and the relation between ownership and performance, *Economics Letters*, 78(3), pp. 379—384.

[111] Hambrick D. C. and D'aveni R A., 1992, Top team deterioration as part of the downward spiral of large corporate bankruptcies, *Management Science*, 38(10), pp. 1445—1466.

[112] Hambrick D. C. and Mason P. A., 1984, Upper echelons: Organization as a reflection of its managers, *Academy Management Review*, pp. 193—206.

[113] Hambrick, D. C., 1994, Top management group: A conceptual integration and consideration of the "team" label, in B. M. Staw & L. L. Cummins(eds.), *Research in Organizational Behavior*, 16, pp. 171—213.

[114] Hayward L. A. M. and Donald C. H, 1997, Explaining the premiums paid for large acquisitions: Evidence of CEO hubris, *Administrative Science Quarterly*, 42(1), pp. 103—127.

[115] Heaton, J. B., 2002, Managerial optimism and corporate finance, *Financial Management*, 31, pp. 33—45.

[116] Hermalin, B. and M. Weisbach, 2003, Board of directors as an endogenously-determined institution: A survey of the economic literature, *Economic Policy Review*, 9, pp. 7—26.

[117] Higgins, R. C., and L. D. Schall, 1975, Corporate bankruptcy and conglomerate mergers, *Journal of Finance*, 30, pp. 93—113.

[118] Hill G W., 1982, Group versus individual performance: Are n + 1 heads better than one? *Psychological Bulletin*, 91(3), pp. 517—539.

[119] Hill, C. W., G. S. Hansen, 1991, A longitudinal study of the causes and consequences of changes in diversification in the U. S. pharmaceutical industry 1977—

1986, *Strategic Management Journal*, 12, pp. 187—199.
[120] Hill, W. L., and S. Hansen, 1991, A longitudinal study of the cause and consequences of changes in diversification in the U. S. pharmaceutical industry 1977—1986, *Strategic Management Journal*, 12, pp. 187—199.
[121] Himmelberg, Charles P., R. Glenn Hubbard, and Inessa Love, 2002, Investor protection, ownership, and the cost of capital, Working Paper.
[122] Hoshi, T. K., Anil Kashyap and David Scharfstein, 1991, Corporate structure, liquidity, and investment: Evidence from Japanese industrial groups, *Quarterly Journal of Economics*, 106, pp. 33—60.
[123] Hoskisson, Robert E. and Michael A. Hitt, 1990, Antecedents and performance outcomes of diversification: A review and critique of theoretical perspectives, *Journal of Management*, Vol. 16, No. 2, pp. 461—509.
[124] Hribar Paul and Holly Yang, 2006, CEO overconfidence, management earnings forecasts, and earnings management, Working Paper.
[125] Hubbard, R. Glenn, 1998, Capital market imperfections and investment, *Journal of Economic Literature*, 36, pp. 193—227.
[126] Jackson S. E., 1992, Consequences of group composition for the interpersonal dynamics of strategic issue processing, *Advances in Strategic Management*, 8, pp. 345—382.
[127] Jacquemin, A. P., Berry, C. H., 1979, Entropy measure of diversification and corporate growth, *Journal of Industrial Economics*, 27(4), pp. 359—369.
[128] Jeffrey Pfeffer, 1972, Size and composition of corporate boards of directors: The organization and its environment, *Administrative Science Quarterly*, Vol. 17, No. 2, Jun., pp. 218—228.
[129] Jensen M, Zajac E. J., 2004, Corporate elites and corporate strategy: How demographic preferences and structural position shape the scope of the firm, *Strategic Management Journal*, 25(6), pp. 507—524.
[130] Jensen M., 1986, Agency costs of free cash flow, corporate finance, and takeovers, *American Economics Review*, 76, pp. 323—329.
[131] Jensen, M., 1993, The modern industrial revolution, exit, and the failure of internal control systems, *Journal of Finance*, 48, pp. 831—880.
[132] Jensen, M. C., and W. H., Meckling, 1976, Theory of the firm: Managerial behavior, agency costs and ownership structure, *Journal of Financial Economics*, 3, pp. 305—360.
[133] Jensen, Michael C., and Kevin J. Murphy, 1990a, Performance pay and top-management incentives, *Journal of Political Economy*, Vol. 98, No. 2, April, pp.

225—264.
[134] Jin Li and S. P., Kothari, 2005, Determinants of management ownership of unrestricted equity: Overconfidence versus tax explanations, Working Paper.
[135] John R. Kimberly and Michael J. Evanisko, 1981, Organizational innovation: The influence of individual, organizational, and contextual factors on hospital adoption of technological and administrative innovations, *The Academy of Management Journal*, Vol. 24, No. 4, Dec., pp. 689—713.
[136] José-Miguel Gaspar, Massimo Massa and Pedro Matos, 2005, Shareholder investment horizons and the market for corporate control, *Journal of Financial Economics*, Volume 76, Issue 1, April, pp. 135—165.
[137] Kahneman D, Lovallo D., 1993, Timid choices and bold forecasts: A cognitive perspective on risk taking, *Management Science*, 39, pp. 17—31.
[138] Kahneman D., Knetsch J., Thaler R., 1986, Fairness and assumptions of economics, *Journal of Bnsiness*, 59, pp. 285—300.
[139] Kahneman D., Knetsch J., Thaler R., 1990, Experimental tests of the endowment effect and the coase theorem, *Journal of Political Economy*, 98, pp. 1325—1348.
[140] Kalay, A., 1982, Signaling, information content and the reluctance to cut dividends, *Journal of Financial and Quantitative Analysis*, 15, pp. 855—869.
[141] La Porta, Rafael, Florencio Lopez-de-Silanes, Andrei Shleifer, and Robert W. Vishny, 1998, Law and finance, *Journal of Political Economy*, 106 (6), pp. 1113—1155.
[142] La Porta, Rafael, Florencio Lopez-de-Silanes, Andrei Shleifer, and Robert Vishny, 2000, Investor protection and corporate governance, *Journal of Financial Economics*, 58, pp. 3—27.
[143] Lamont, Owen, 1997, Cash flow and investment: Evidence from internal capital markets, *The Journal of Finance*, 52, pp. 83—109.
[144] Landier, Augustin and David Thesmar, 2004, Financial contracting with optimistic entrepreneurs: Theory and evidence, Working Paper.
[145] Lang, L., Litzenberger, R., 1989, Dividend announcements: Cash flow signaling vs. free cash flow hypothesis, *Journal of Financial Economics*, 24, pp. 181—191.
[146] Lang, L. H. P., and Rene M., Stulz, 1994, Tobin'q corporate diversification and firm performance, *Journal of Political Economy*, 102, pp. 1248—1280.
[147] Langer, Ellen J., 1975, The illusion of control, *Journal of Personality and Social Psychology*, 32, pp. 311—328.
[148] LaPorta, Rafael, FlorencioLpoez-de-Silanes, Andrei Shleifer, 1999, Corporate ownership around the world, *Journal of Finance*, 54, pp. 709—1124.

[149] Larimo, J., 2002, Form of investment by nordic firms in world markets, *Journal of Business Research*, 42, pp. 1—13.

[150] Larsson, R., 1990, *Co-ordination of Action in Mergers and Acquisitions*, Lund University Press.

[151] Lee, H. J., and Park, J. H., 2006, Top team diversity, internationalization and the mediating effect of international alliances, *British Journal of Management*, 17(3), pp. 195—213.

[152] Lensink, Robert and Sterken, Elmer, 2001, Asymmetric information, option to wait to invest and the optimal level of investment, *Journal of Public Economics*, Elsevier, Vol. 79(2), pp. 365—374.

[153] Lin, Y., S. Hu, M. Chen, 2005, Managerial optimism and corporate investment: Some empirical evidence from Taiwan, *Pacific-Basin Finance Journal*, 13(5), pp. 523—546.

[154] Lin, Y., S. Hu, M. Chen, 2005, Managerial optimism and corporate investment: Some empirical evidence from Taiwan, *Pacific-Basin Finance Journal*, 13(5), pp. 523—546.

[155] Lins Karl and Henri Servaes, 1999, International evidence on the value of corporate diversification, *Journal of Finance*, Dec., pp. 2215—2239.

[156] Lipton, M. and J. W. Lorsch, 1992, A modest proposal for improved corporate governance, *Business Lawyer*, 1, pp. 59—77.

[157] Lucian Arye Bebchuk and Yaniv Grinstein, 2007, Firm expansion and CEO pay, Working Paper.

[158] Maksimovic, V. and G. Phillips, 2002, Do conglomerate firms allocate resources inefficiently across industries? Theory and evidence, *Journal of Finance*, 57, pp. 721—767.

[159] Malmendier Ulrike and Tate Geoffrer, 2003, Who makes acquisitions? CEO overconfidence and the market's reaction, Working Paper.

[160] Malmendier Ulrike and Tate Geoffrer, 2005, CEO overconfidence and corporate investment, *The Journal of Finance*, 6, pp. 2661—2700.

[161] Mansi, S. and D. Reeb, 2002, Corporate diversification: What gets discounted, *Journal of Finance*, 57, pp. 2167—2183.

[162] Margarethe F. Wiersema and Karen A. Bantel, 1992, Top management team demography and corporate strategic change, *The Academy of Management Journal*, Vol. 35, No. 1, Mar., pp. 91—121.

[163] Mark Gertler and Simon Gilchrist, 1994, Monetary policy, business cycles, and the behavior of small manufacturing firms, *The Quarterly Journal of Economics*, May,

109, pp. 309—340.
[164] Marris R., 1963, A model of the managerial enterprises, *Quarterly Journal of Economics*, 77, pp. 185—209.
[165] Merrow E. D., K. E. Phillips and C. W. Myers, 1981, *Understanding Cost Growth and Performance Shortfalls in Pioneer Plants*, (Santa Monica, CA: Rand).
[166] Michael C., Jensen and Kevin J. Murphy, 1990, Performance pay and top-management incentives, *Journal of Political Economy*, Vol. 98, No. 2, pp. 225—264.
[167] Mills, K., Morling, S. and Tease, W., 1995, The influence of financial factors on corporate investment, *The Australian Economic Review*, Quart 1995, pp. 50—64.
[168] Montgomery, C. A., 1994, Corporate diversification, *Journal of Economic Perspectives*, 8 (3), pp. 163—178.
[169] Mueller, Dennis C., 1977, The effects of conglomerate mergers: A survey of the empirical evidence, *Journal of Banking & Finance*, Elsevier, Vol. 1 (4), pp. 315—347.
[170] Myers, S., and Nicholas S. Majluf, 1984, Corporate financing and investment decisions: When firms have information that investors do not have, *Journal of Financial Economics*, 13, pp. 187—221.
[171] Narayanan, M. P., 1985, Managerial incentives for short-term results, *Journal of Finance*, 40, pp. 1469—1484.
[172] Nelson R. and Winter S., 1982, *An Evolutionary Theory of Economic Change*, Cambridge: Cambridge University Press.
[173] Nikos Vafeas, 1999, Board meeting frequency and firm performance, *Journal of Financial Economics*, 53, pp. 113—142.
[174] Ocasio, W., 1994, Political dynamics and the circulation of power: CEO succession in U. S. industrial corporations, 1960—1990, *Administrative Science Quarterly*, 39, pp. 285—312.
[175] Palepu, K., 1985, Diversification strategy, profit performance and the entropy measure, *Strategic Management Journal*, 6, pp. 239—255.
[176] Park, C., 2003, Prior performance characteristics of related and unrelated acquirers, *Strategic Management Journal*, 24(5), pp. 471—480.
[177] Penrose, E. T., 1959, *The Theory of the Growth of the Firm*, New York: John Wiley.
[178] Pi, L, Timme, S. G., 1993, Corporate control and bank efficiency, *Journal of banking and Finance*, 17, pp. 515—530.
[179] Provan, K. G., 1980, Board power and organizational effectiveness among human service agencies, *Academy of Management Journal*, 23, pp. 221—236.

[180] Ramanujam, V. and P. Varadarajan, 1989, Research on corporate diversification: A synthesis, *Strategic Management Journal*, 10, pp. 523—551.

[181] Richardson S., 2006, Over-investment of free cash flow, *Review of Accounting Studies*, 11, pp. 159—189.

[182] Robert S. Chirinko Ulf von Kalckreuth, 2002, Further evidence on the relationship between firm investment and financial status, Discussion paper 28/02, Economic Research Center of the Deutsche Bundesbank, November.

[183] Roberts, D. R., 1959, A general theory of executive compensation based on statistically tested propositions, *Quarterly Journal of Economics*, 70, pp. 270—294.

[184] Roll Richard, 1986, The hubris hypothesis of corporate takeovers, *Journal of Business*, 59, pp. 197—216.

[185] Rubin, P. H, 1973, The expansion of firms, *Journal of Political Economy*, 81, pp. 936—949.

[186] Rumelt, R. P., 1974, *Strategy, Structure, and Economic Performance*, Harvard Business School Press, Boston, MA.

[187] Sanjay Kallapur and Mark A. Trombley, 1999, The association between investment opportunity set proxies and realized growth, *Journal of Business Finance and Accounting*, 26(3) &(4), April/May, pp. 505—519.

[188] Scharfstein, D. and J. Stein, 2000, The dark side of internal capital markets: Divisional rent-seeking and inefficient investments, *Journal of Finance*, 55, pp. 2537—2564.

[189] Shleifer, A., and R. W. Vishny, 1989, Management entrenchment: The case of manager-specific investments, *Journal of Financial Economics*, 25, pp. 123—139.

[190] Shleifer, Andrei and Robert Vishny, 1986, Large shareholders and corporate control, *Journal of Political Economy*, Vol. 94, No. 3, pp. 461—488.

[191] Shull F. A. Jr., Delbecq A. L., Cummings L. L., 1970, *Organizational Decision Making*, New York: McGraw-Hill.

[192] Smith, K. G., Smith, K. A., Olian, J. D., Sims, H. P., O' Bannon, D. P., and Scully, J. A., 1994, Top management team demography and process: The role of social integration and communication, *Administrative Science Quarterly*, 39(3), pp. 412—438.

[193] Statman, Meir and Tyzoon T. Tyebjee, 1985, Optimistic capital budgeting forecasts: An experiment, *Financial Management*, 14, pp. 27—33.

[194] Steven N. Kaplan and Luigi Zingales, 1997, Do investment-cash flow sensitivities provide useful measures of financing constraints? *The Quarterly Journal of Economics*, February, Vol. 112, No. 1, pp. 169—215.

[195] Stimpert, J. L., and Duhaime, I. M., 1997b, Seeing the big picture: The influence of industry, diversification, and business strategy on performance, *Academy of Management Journal*, 40(3), pp. 560—583.

[196] Stulz, ReneM., 1990, Managerial discretion and optimal financing policies, *Journal of Financial Economics*, Elsevier, Vol. 26(1), July, pp. 3—27.

[197] Taylor, Ronald N., 1978, Age and experience as determinants of managerial information processing and decision making performance, *Engineering Management Review*, *IEEE*, Dec., pp. 60—67.

[198] Teece, D. J., 1980, Economies of scope and the scope of enterprise, *Journal of Economic Behavior and Organization*, 1(September), pp. 223—247.

[199] Teece, D. J.,1982, Towards an economic theory of the multiproduct firm, *Journal of Economic Behavior and Organization*, 3, pp. 39—63.

[200] Tihanyi L., Ellstrand A. E., Daily C. M. and Dalton D. R., 2000, Composition of the top management team and firm international diversification, *Journal of Management*, 26(6), pp. 1157—1177.

[201] Villalonga, B., 2004, Diversification discount or premium? New evidence from the business information tracking series, *Journal of Finance*, 59, pp. 479—506.

[202] Vroom V. and Pahl B., 1971, Relationship between age and risk-taking among managers, *Journal of Applied Psychology*, 55(4), pp. 399—405.

[203] Weinstein N., 1980, Unrealistic optimism about future life events, *Journal of Personality and Social Psychology*, 39, pp. 806—820.

[204] Wernerfelt, B., 1984, A resource-based view of the firm, *Strategic Management Journal*, Vol. 5(2), pp. 171—180.

[205] Whited, T., 2001, Is it inefficient investment that causes the diversification discount? *Journal of Finance*, 56, pp. 667—1692.

[206] Williamson, O. E., 1985, *The Economic Institutions of Capitalism*, New York: Free Press.

[207] Williamson, O. E., 1975, *Markets and Hierarchies: Analysis and Antitrust Implications*, Collier Macmillan Publishers, Inc., New York.

[208] Williamson, Oliver, 1979, Transaction cost economics: The governance of contractual relationships, *Journal of Law and Economics*, 22(2), pp. 233—262.

[209] Williamson, Oliver, 1981, The economics of organization: The transaction cost approach, *American Journal of Sociology*, 87(3), pp. 548—577.

[210] Wolosin, Robert J., Steven J. Sherman and Amnon Till, 1973, Effects of cooperation and competition on responsibility attribution after success and failure, *Journal of Experimental Social Psychology*, 9, pp. 220—235.

[211] Xia Xingping and Hongbo Pan, 2006, The dynamics of corporate takeovers based on managerial overconfidence, *The Journal of American Academy of Business*, 10(1), pp. 378—386.

[212] Yoon, P., Starks, L., 1995, Signaling, investment opportunities, and dividend announcements, *Review of Financial Studies*, 8, pp. 995—1018.

[213] Zejan M., 1990, New ventures or acquisitions: The choice of Swedish multinational enterprises, *Journal of Industrial Economics*, 38, pp. 349—355.

后记

本书的完成和顺利出版得到了诸多人的帮助。

首先,感谢我的博士后指导教师北京大学光华管理学院的陆正飞教授和我的博士生指导教师南京大学经济学院的刘志彪教授。两位恩师在我的生活和事业发展上给予了大量的无私帮助。本书以及我所做的其他学术研究都包含着他们的智慧和思想。

其次,感谢北京大学光华管理学院的博士后张敏博士、中国人民大学商学院财务与金融系的博士生黄磊、陈才东以及硕士生苏飞(现在中国工商银行数据中心工作)。本书内容涉及大量的实证,他们在文献、数据的收集和处理过程中,付出了辛苦的劳动。

再次,感谢北京大学出版社的林君秀老师和李娟老师。正是她们的帮助,才使得本书能够快速顺利出版。

最后,感谢我的妻子刘福英和我的女儿姜智宏。如果没有她们的理解和支持,我想我难以如此醉心学术。

姜付秀
2009 年 2 月于中国人民大学商学楼